Gabriel O. Pulice

Acompañamiento Terapéutico, transferencia y dirección de la cura

Fundamentos éticos de su clínica

Prefacio
Mauricio Castejón Hermann

Letra Viva

Pulice, Gabriel Omar

Acompañamiento Terapéutico, transferencia y dirección de la cura : Fundamentos éticos de su clínica

– 2ª ed. – Buenos Aires : Letra Viva, 2021.

141 p. ; 23 x 16 cm.

ISBN 978-950-649-823-8

1. Psicoanálisis. I. Título

CDD 150.195

Av. Coronel Díaz 1837, (1425) C. A. de Buenos Aires, Argentina
E-MAIL: editorial@letravivalibros.com / WEB PAGE: letravivalibros.com

Director: Leandro Salgado

Por contactos con el autor: *gopulice@gmail.com*

IMAGEN DE TAPA: "Strange Garden" de Paul Klee (1923)

Primera edición: noviembre de 2018
Segunda edición: noviembre 2021

Impreso en Argentina – *Printed in Argentina*

Queda hecho el depósito que marca la Ley 11.723

Esta obra se terminó de imprimir durante noviembre de 2021 en los Talleres Gráficos "Planeta Offset", Saavedra 565, Ciudad de Buenos Aires, Argentina.

Con mi mayor agradecimiento a quienes me acompañan en este nuevo tramo del camino:

Fede, que estás ahí siempre...!

Mauricio, Flory, Sense8, Vivi, Helga, Carlitos y Seba, Marco Antonio, Lore, Tadeu, y alguien más que no les puedo decir...

Y desde lo más profundo de mi alma, para Sofi, Simón, Marta y Luis..

Prefacio

¿Polifonía de discursos, o Interdisciplina?

La sedimentación de debates, y la elaboración de los resultados de un trabajo en red, a partir de la circulación por diversos espacios en Argentina y en aquellos otros países donde el *Acompañamiento Terapéutico* viene conquistando y ampliando su inscripción como herramienta clínica en *Salud Mental*, y en el tratamiento de ciertos malestares contemporáneos. Es de ese modo que podemos resumir este nuevo libro, *«Acompañamiento Terapéutico, transferencia y dirección de la Cura»*[1], que Gabriel O. Pulice lanza por Letra Viva, en una profundización de sus investigaciones acerca de las relaciones entre la ***función clínica*** del *Acompañamiento Terapéutico* y el psicoanálisis de Freud y Lacan, sin desconsiderar otros campos de investigación también desarrollados por el autor, tales como la semiótica del filósofo norteamericano Charles S. Peirce (1839-1914), la filosofía aristotélica, y las políticas públicas en salud, entre otros.

Sin embargo, antes de comentar la estructura del texto aquí presentado, comparto con el lector algo que me tocó, mientras leía estas líneas. Destaco una *marca de estilo* en la escritura: una confluencia entre el *rigor académico formal* —necesario en la producción del conocimiento— y el tono de *conversación*, muchas veces mencionado, cuando, incluso, el autor destaca el nombre de sus interlocutores. Este estilo llama la atención, y se vuelve especialmente placentero para mí observarlo, porque tuve la suerte de acompañar al autor en muchos de esos espacios de debate, lo que mucho me honró —y me honra—, ya que pude ser tocado por los efectos de su transmisión y sus provocaciones, cuestionamientos, dudas y vacilaciones. Reconozco, entonces, estos momentos de intercambio

1. Resalto al lector de existencia del libro *Fundamentos Clínicos del Acompañamiento Terapéutico*, también de Gabriel Pulice, (Letra Viva, 3ra. Edición 2018), base de los avances aquí propuestos, y lectura fuertemente recomendada.

y argumentaciones en varios pasajes de la escritura, una vez los viven-cié en el calor del momento, y percibo que resurgen instigantes y —por eso mismo— preciosos, proponiendo la continuidad de la interlocución ahora con usted, lector, invitado a entrar en la conversación...

Hay un segundo aspecto que me parece relevante mencionar, punto que me gusta mucho: el reconocimiento de que el campo de debate se da entre varios. El lector va a decir: *«¡Pero eso es obvio...!»* De hecho, la multiplicidad de actores y corrientes de pensamiento ocurre en el campo del *AT*, como en los demás. Pero muchas veces esos sujetos y pensadores divergentes aparecen indiscriminados, surgiendo incorporados o denegados en los textos de otro, sin ninguna mención de autoría, como si las palabras dichas no tuvieran sujetos. Como si fueras palabras al viento... En la narrativa de Pulice, los interlocutores son nombrados, las palabras tienen autores, lo que afecta y hace del texto una elaboración particular, convirtiéndolo en una especie de *retrato* o *registro histórico* de importantes debates recientes sobre el *Acompañamiento Terapéutico*.

Por último, la conversación expuesta resalta la propia pertinencia de un lazo de debate para nuestro campo, ya que, como tal, un campo no existe si sus respectivos actores permanecen aislados en sus territorios. El campo de debate se da entre varios; pero su resignificación y sistematización, en la escritura, es solitaria y particular. Vamos, entonces, en este breve comentario, a anunciar parte de lo que el lector encontrará a continuación, al recorrer la escritura de Gabriel.

El primer capítulo: *El AT y su campo de saber. Encrucijadas teóricas, clínicas y políticas* —relevamiento histórico de la constitución del campo—, ofrece una constatación importante: *«...No tengo duda que Acompañamiento Terapéutico, en el mundo, llegó para quedarse...!»*[2]. Tampoco tenemos dudas de eso, y estoy de acuerdo con el autor cuando afirma, en el calor del debate y con elegancia, que ya no estamos en un campo carente de teorización. No podría ser diferente, ya que hay constituida una consistente historia de congresos nacionales —particularmente en Argentina— e internacionales, trayectoria que nos toca a todos los que vivimos el *AT*, y particularmente a mí —ya que me correspondió presidir el *XI Congreso Internacional de Acompañamiento Terapéutico*, en 2017 en São Paulo. Tenemos ya un consistente marco de producción teórica que crece exponencialmente cada año, cada vez más diversificada tanto en matices teóricos como en nacionalidades, lo que nos impone cuestio-

2. Frase proferida por Gabriel O. Pulice en un encuentro académico realizado en la Ciudad de México, en 2015.

namientos importantes acerca de la definición misma del *AT*, así como su debate epistemológico y definición de objetos.

El segundo capítulo —*Modelos de Implementación del AT en la Salud Pública: AT como dispositivo, AT como función y AT como profesión*— retoma una cuestión que produce tensiones importantes en nuestro debate, como he dicho anteriormente; es decir, el desafío epistemológico de caracterización y definición de su objeto. Si, por un lado, hemos constatado en la literatura innumerables trabajos relativos a lo que hacemos cuando hacemos acompañamientos terapéuticos, tenemos, por otro lado, una apertura de caminos teóricos importantes, que nos convoca a repensar la definición de su clínica. Y, además, el autor discurre sobre la pertinencia del *AT* en la *Reforma Psiquiátrica*, también al posicionarse sobre una linda discusión conceptual acerca del *AT* como dispositivo, función o profesión, al problematizar la noción de *«dispositivo»* y concluir que *«función»* y *«profesión»* no son contradictorios entre sí.

Su tercer capítulo —*Ética y responsabilidad profesional*— trae consigo una afirmación contundente: *«No hay Ética sin implicación»*. Es en la filosofía que Gabriel busca sustentación para traer temas pertinentes al *AT*, ya trabajados en su libro anterior, algo absolutamente necesario para la formación de los acompañantes terapéuticos. Destaco la noción de *«encuentro con una* ***regularidad inesperada****»*, concepto propuesto por Peirce sobre aquello que puede ser visto como una *irregularidad*, o incluso como *irregularidad no deseada*. ¿Qué hacer con los niños con hiperactividad? ¿Medicamos desenfrenadamente, o creamos, a través del *AT*, una oferta de tratamiento que incluya la posibilidad del *bien decir* —o, como prefiere el autor, una posibilidad de emergencia, por parte del paciente, de la palabra propia?

Avanzando, encontramos en el cuarto capítulo —*Acompañamiento Terapéutico, Transferencia y Dirección de la Cura*— el tema central del libro. Pulice retoma una cuestión primordial, al problematizar la diferencia entre una *«polifonía de discursos»* y la noción de *«interdisciplina»*. Esta cuestión es fundamental, y también me parece muy cara a Brasil, ya que también notamos en nuestra práctica, en distintas circunstancias, casos clínicos graves siendo atendidos por innumerables equipos de salud, con muchas voces, una polifonía de discursos —a veces contradictorios— y posicionamientos que denuncian la completa ausencia de una dirección de la cura... ¡Situación grave! Ahora bien, el *AT* puede contribuir al respecto en aspectos importantes como, por ejemplo, al rescatar el sentido estricto de la palabra *interdisciplina*, ya que su función clínica nos convoca a no perder de vista *la lógica del caso por caso*; la responsabilidad de sostener la estrategia de tratamiento y el consiguiente cálculo de las intervenciones, de acuerdo con la dirección de la cura. En ese sentido, el acompañante terapéutico es un excelente agente de construcción de la interdisciplinariedad, ya que ocupa una posición privilegiada como articulador de los discursos existentes alrededor de un caso.

Además, Gabriel nos ofrece preguntas esenciales para problematizar la dirección del tratamiento en casos de pacientes graves, tales como: ¿Cómo diferenciar al paciente identificado? ¿Cómo localizar al sujeto? ¿Y la/s demanda/s inherentes al caso en cuestión? ¿Cuáles son los objetivos terapéuticos? ¿Y qué pensar acerca del cálculo de la angustia? Cuestiones centrales, entre otras, para sostener la dirección de la cura, que atraviesan necesariamente la dura tarea de ir al encuentro de *lo real*, de la pulsión de muerte, de las repeticiones o *regularidades inesperadas*. O, dicho de otro modo, el autor nos presenta constructos teóricos indispensables para la teorización de los casos graves, en los que intervenimos como *AT*.

Concluyendo, tenemos en el quinto capítulo —*Acompañamiento Terapéutico: fundamentos de su inclusión como «herramienta clínica», en el ámbito escolar*— el ejemplo de un contexto específico de intervención del *AT* bastante creciente. Por caso, el lindo debate sobre la *«Educación Inclusiva y el AT»* como estrategia de facilitación del proceso de inclusión de niños con graves compromisos psíquicos, particularmente en escuelas regulares. Tenemos entonces una demostración de interdisciplina —en un contexto de trabajo que está en franca ascensión también en Brasil, y en muchos países de Latinoamérica—, junto con una clara delimitación de la especificidad del *Acompañamiento Terapéutico* como *«herramienta clínica»*, en un ámbito en el que *«lo educativo»* suele encontrar sus límites, cuando no se atiende de manera eficaz *«lo subjetivo»*.

En suma, querido lector, este volumen nos ofrece la oportunidad de acompañar a un autor inquieto, apasionado por su oficio, lo que hace de su escritura un regalo para el campo.

Mauricio Castejón Hermann
Director del Attenda

I

El *AT* y su campo de saber

Encrucijadas teóricas, clínicas y políticas[1]

A partir de su aparición en Argentina a fines de los 60´ en ese complejo escenario que constituye el campo de la Salud Mental, y habiendo transitado durante varias décadas por un asimismo complejo y sinuoso proceso de maduración, el Acompañamiento Terapéutico parece encontrarse hoy en los umbrales de un tiempo nuevo. Desde comienzos de este aún juvenil siglo XXI, se fueron produciendo —tanto a nivel regional como a nivel global— diversos y heterogéneos acontecimientos históricos, sociales, políticos, tecnológicos y científicos que, en su cada vez más vertiginosa puesta en conexión, parecen haber precipitado las condiciones para que en un lapso muy breve de tiempo tuviera lugar el sorprendente desarrollo que, respecto de esta práctica, podemos observar en la actualidad. Y que tuvo como correlato, además —en este mismo período—, una abundante y heterogénea producción bibliográfica, testimonio a su vez de la prolífica y diversa multiplicación de experiencias clínicas y comunitarias que permiten dar cuenta de una presencia cada vez más potente y reconocida del *AT* en sus cada vez más diversos ámbitos de inserción.

La convocatoria para el *XII Congreso Iberoamericano / XI Congreso Internacional,* bajo el lema: *«Acompañamiento Terapéutico y su campo de Saber. Articulaciones teóricas. Narrativas en Salud. Composiciones politicas»,* realizado en noviembre de 2017 en la ciudad de San Pablo (Brasil), al tiempo que llama nuestra atención sobre este nuevo momento histórico en el devenir de esta actividad, nos invita a dar cuenta del

---

1. El presente capítulo fue redactado a solicitud de Mauricio Castejón Hermann, a propósito de la organización y difusión previa del *XII Congreso Iberoamericano / XI Congreso Internacional de Acompañamiento Terapéutico,* en el que tuve asimismo el honor de colaborar como miembro de la *Comisión Científica.*

camino hasta aquí transitado, a revisarlo y revigorizarlo, de cara al porvenir. Pero... estamos en verdad transitando *un nuevo momento histórico* en el campo del *AT*...? Hay numerosas razones para afirmar que sí...

De nuestra bibliografía

Me gustaría contarles una pequeña anécdota en apoyo de este idea, un mínimo episodio ocurrido hace un par de años, aparentemente sin mayor importancia, pero que en definitiva me hizo *«sentir»* —de manera casi visceral, podría confesarles— que estamos transitando en nuestro campo un momento nuevo. Me habían invitado a participar por entonces en un panel sobre *Acompañamiento Terapéutico y Salud Mental*, en el marco de una jornada que se llevó a cabo en una ciudad muy bonita del litoral de nuestro país. La convocatoria había tenido una excelente repercusión entre los profesionales de la *Salud Mental* en toda la región, se fueron presentando muy buenos trabajos, y todo marchaba muy bien. Llegó entonces la hora de la mesa de cierre, en la que me tocaba intervenir, y uno de los colegas que participaba en ella justo antes de mi, inició su ponencia con toda suerte de cuestionamientos —bien justificados, por cierto— acerca de *«...la precariedad en las condiciones laborales del AT, la carencia de una inscripción formal, las frecuentes dificultades en el cobro de honorarios, la problemática articulación de nuestro trabajo con las instituciones...»*. En fin, hasta allí, nada fuera de lo habitual. Más bien, podríamos decir: el pan de casi todos los días, al menos para muchos de los acompañantes terapéuticos que trabajan en la Argentina.

En esa sintonía, comenzó de pronto a hacer extensiva también su queja a *«la falta de conceptualización de la función del AT, la falta de bibliografía y de un marco teórico de referencia...»*. A partir de allí, su exposición empezó a generarme una creciente incomodidad, y apenas me llevó algunos minutos advertir por qué. Afortunadamente —gracias a unos cuantos años de análisis personal, y al aprendizaje de tantos congresos y jornadas—, pude contar hasta diez y encontrar, cuando me llegó el turno de intervenir, un modo amable de compartir ese malestar con mi sorprendido interlocutor, y también con la muy concurrida audiencia. Sin darse cuenta, él estaba repitiendo allí una vieja muletilla, muy instalada entre los *AT*, pero cada vez más perimida, dejando de manera implícita fuera de registro —y sin darse cuenta, descalificando— el trabajo y el esfuerzo sostenido desde hace tiempo por tantos colegas que vienen apostando por la escritura, la exposición y el relato de sus experiencias, la articulación conceptual, el desarrollo de programas académicos de formación, y las más diversas instancias de transmisión tendientes a revertir aquel desolado escenario con que nos encontrábamos hace no tanto tiempo atrás, cuando tuvo su punto de inicio mi propio recorrido.

Pues si bien es cierto que durante un considerable lapso de tiempo apenas hubo publicado un sólo y único libro sobre *Acompañamiento Terapéutico* —más allá de un puñado de artículos aparecidos esporádicamente en ciertas revistas del ámbito *psi*—, en los últimos 20 años la producción bibliográfica sobre el tema no sólo fue creciendo exponencialmente en términos *cuantitativos*, sino que puede observarse también cómo, paulatinamente, se fue generando además, en esa producción, un verdadero *salto de nivel cualitativo*. Es el que se produce cuando los textos que se van publicando sobre una nueva disciplina, comienzan a entreverarse, a ponerse en conversación: ya sea para apoyarse en la anterior referencia, o retomar algo ya dicho que requiere profundización; o para disentir sobre determinado punto, o exponer cierta casuística que abre algún interrogante sobre un apartado específico. Lo cierto es que desde hace varios años, en el campo del *Acompañamiento Terapéutico*, esto ya ha comenzado a ocurrir. Y me animo a decir que el joven *corpus teórico* de la actividad que nos convoca, ha alcanzado sin embargo, en muy poco tiempo, un interesante punto de maduración.

En 1991, el *Equipo de Acompañantes Terapéuticos* de «*A Casa*» (San Pablo, Brasil), publica un texto que pasaría a ser una marca fundamental en el desarrollo de la actividad en ese país: *A Rua como Espaço Clínico: Acompanhamento Terapêutico*. En Argentina, la secuencia de eventos inaugurada en 1994 con nuestro *1er. Congreso Nacional* —que incluyó, como pronto veremos, la presentación de dos nuevos libros—; y la actividad regular desarrollada desde 2001 en los *Congresos*, *Jornadas* y *Simposios* —tanto nacionales y regionales, como en el ámbito internacional—, tuvieron, sin lugar a dudas, una incidencia decisiva en el desarrollo y difusión de esta actividad, felizmente apuntalada por la fantástica globalización de las comunicaciones a través de *Internet*. En apenas 15 años, el *«Mundo AT»* se puso en conexión[2], alcanzando pronto una vigorosa visibilidad que permitió, al mismo tiempo, poner en valor su potencia como herramienta de transformación. Los distintos grupos de profesionales que, sobrellevando las dificultades propias de cada terreno, fueron cultivando sin embargo esta misma *semilla* en los grandes centros urbanos —principalmente de Argentina, Brasil, México, España y Uruguay—, apenas si tenían por entonces alguna comunicación entre sí. Ni hablar de la silenciosa y casi solitaria labor de tantos otros colegas, esparcidos en las pequeñas ciudades y localidades del interior de cada país. El único libro existente, había llegado a cada orilla casi como el mensaje en una botella. Pero de pronto, la espera de los *Robinson Crusoe* llegó a su fin: el generoso y apasionado intercambio que empezó a producirse desde entonces, comenzó a dar sus frutos...

En este contexto, podemos decir sin riesgo de equivocarnos que hay actualmente en nuestro campo —ahora sí...!!!—, una riquísima y abundante bibliografía. Y por cierto, en buena parte de los casos, de excelente factura, incluyendo entre sus desarrollos tanto la caracterización y delimitación conceptual de la función del *AT*, como un estudio cada vez más profundo y consistente de sus diversas áreas clínicas de inserción e incumbencia, con sus respectivas especificidades técnicas[3]. A las ya numerosas publicaciones argentinas

2. Resulta oportuno destacar la sorprendente repercusión que tuvo el primer seminario virtual que desde el año 2001 dictamos junto a Federico Manson a través de Psicomundo: *«Fundamentos clínicos del Acompañamiento Terapéutico»* —aún al día de hoy disponible en la web—, que en poco tiempo superó las 5000 inscripciones, con participantes de más de 30 países.
http://www.edupsi.com/at.htm.
Asimismo, ha tenido un lugar muy importante en la difusión de esta actividad el Site AT desarrollado desde agosto de 2000 por Alex Sandro Tavares da Silva desde Porto Alegre, Brasil.
3. Habiéndose desarrollado inicialmente en el abordaje de las psicosis —paranoia, esquizofrenia, melancolía, cuadros bipolares— y las toxicomanías, el *Acompañamiento Terapéutico* ha demostrado su eficacia en el tratamiento de una creciente diversidad de problemáticas clínicas en las que se fue poniendo a prueba, en las distintas etapas de su manifestación. Entre ellas, podemos mencionar: otras patologías del consumo como las *ludopatías* y los trastornos de la conducta alimentaria —bulimia y anorexia—; autismo, psicosis infantil, retraso mental y otras

y brasileñas —algunas de ellas asimismo disponibles en portugués y español— se fueron sumando, además, otras importantes contribuciones desde Colombia, España, México y Uruguay. A lo que hay que agregar también el valiosísimo material que fueron aportando en sus ponencias y presentaciones los colegas de otros países como Chile, Italia, Francia y Perú, quienes, a lo largo de estos años, participaron en los diversos eventos científicos que se fueron sucediendo en torno de este tema. Buena parte de este material, se encuentra disponible actualmente en la web, y bien podrían completarse con él varios volúmenes más.

Hay que decir, asimismo, que no es un detalle menor el hecho de que se fueron cruzando y mixturando, en esta suerte de construcción colectiva, muy diversos lineamientos discursivos, tales como el *Psicoanálisis* en sus diversas escuelas y orientaciones, la *Psiquiatría Dinámica*, las *Terapias Sistémicas, Cognitivistas* y *Comportamentales*, la *Fenomenología*, el *Esquizoanálisis*, incluyendo también muy valiosos aportes del ámbito de la *Filosofía* y el *Trabajo Social y Comunitario*; a lo que podemos agregar el creciente número de casos cuya demanda de intervención se articula con el ámbito judicial. Visto retrospectivamente, ha sido una experiencia realmente fascinante, haber podido poner en discusión nuestras divergencias de doctrina, y sortear —al menos en algunos puntos— las dificultades *«idiomáticas»* así planteadas, sin que esto signifique sostener la utópica pretensión de disolver las diferencias. En suma, se fueron atravesando algunas barreras y prejuicios que habitualmente resultan muy difíciles de superar en el ámbito del *Psicoanálisis*, la *Psicología*, la *Psiquiatría* y la *Salud Mental*, avanzándose de este modo en la artesanal elaboración de un sabroso, picante, colorido y original campo de saber.

De nuestra formación profesional

Pero no sólo este incipiente desarrollo de un *corpus teórico* propio es lo que parece marcar la consolidación de un momento distinto en nuestra actividad: paralelamente, se fueron jerarquizando y tomando con-

---

alteraciones severas de la conducta en la infancia y la adolescencia; procesos de inclusión en el ámbito educativo; depresión, crisis de angustia y/o ansiedad —ataques de pánico—, y demás trastornos del estado del ánimo; psicosis puerperales; fobias; diversas problemáticas médicas con prolongados períodos de rehabilitación: pacientes oncológicos, renales, portadores de HIV, usuarios con problemas respiratorios de origen psicosomático, o con discapacidad motora; pacientes con enfermedades terminales, y de la tercera edad...

sistencia también sus *instancias académicas de formación y capacitación*. Resulta muy simpático y conmovedor, por ejemplo, revisar los programas, los diseños curriculares y los contenidos de las primeras *Tecnicaturas* de *Acompañamiento Terapéutico*, algunas de ellas inauguradas en Argentina hace más de veinte años. Salta a la vista que por entonces resultaba un verdadero desafío cumplimentar con la carga horaria exigida para acreditar formalmente una titulación de nivel terciario, y hay que ver las curiosas y creativas ensaladas temáticas a lo que eso dio lugar. Pero ese gran esfuerzo sin dudas valió la pena, pues no es sin esos primeros pasos que se fue configurando el escenario académico actual. Aquí también es posible visualizar un verdadero *salto cualitativo*: ya no es preciso completar el plato con cualquier relleno…!!!

Por otra parte, hay que destacar que, desde el inicio, buena parte de las propuestas académicas orientadas a la formación de acompañantes terapéuticos, se articularon con una marcada inserción clínica, observándose asimismo, desde las instituciones públicas y privadas del sector, una generosa apertura que posibilitó a los acompañantes terapéuticos en formación disponer de los espacios adecuados para su indispensable acceso a la observación y la práctica. Podemos leer entre líneas que ello no hubiera sido posible sin el decidido aval tanto de los profesionales a cargo de esos diversos espacios hospitalarios e institucionales —habitualmente, psicólogos y psiquiatras— como de quienes ejercen en tales instituciones los cargos políticos de dirección, sosteniéndose allí, por parte de estos colegas, una apuesta muy fuerte, de innegables connotaciones éticas.

Nos aproximamos así a la compleja intersección entre la clínica, las instituciones, y las políticas en *Salud Mental*, y vale la pena detenernos también en este apartado. Pues si el *Acompañamiento Terapéutico* ha tenido en las últimas décadas un desarrollo tan vigoroso y sostenido, es precisamente por sintonizar de modo extraordinario con los *nuevos* paradigmas[4], tendientes a la búsqueda de recursos alternativos —o complementarios— al dispositivo manicomial y la internación psiquiátrica. A fuerza de *eficacia*, podría decirse que su reconocimiento como herramienta clínica fundamental para el abordaje de trastornos psíquicos severos en las diversas fases de sus tratamientos, no encuentra ya ninguna objeción ni resistencia. Sólo que para que sea posible su inclusión *for-*

4. Ya no tan nuevos, si tenemos en cuenta que la creación de los primeros *Hospitales de día* datan de 1935, y las primeras experiencias alternativas al dispositivo manicomial en Argentina, por ejemplo, se remontan cuando menos a finales de los 40´.

mal y administrativa tanto en las partidas presupuestarias de las diversas instituciones públicas, como en la cobertura de las *Obras Sociales* y las aseguradoras de salud, es necesario —al menos en Argentina— seguir avanzando en la dirección de su plena inscripción y *reconocimiento profesional*. Caso contrario, se corre el riesgo de que su prestación se limite al ámbito privado —esto es, tan sólo a los usuarios con mayores recursos económicos—, a la buena voluntad de los funcionarios de turno, o se perpetúe en la semi-marginalidad *ad-honorem*.

No obstante, cabe señalar que la problemática acerca de la *«profesionalización del AT»* ha sido objeto de intensos debates, generados en buena medida por las muy diversas condiciones en que se fue planteando la inserción y desarrollo de este recurso en cada país, particularmente en Brasil y Argentina. Me refiero con esto a las importantes diferencias observadas entre las políticas en *Salud Mental* de ambos países, especialmente durante los 90´ y los primeros años de este siglo: al menos en el ámbito público, la figura del *AT* corrió por entonces, en cada uno de ellos, muy distinta suerte[5]. Pero a mi gusto, además de esas *«diferencias de terreno»*, tal controversia se ha producido también a partir de la confusión de ciertas cuestiones de orden *conceptual y clínico* —o, más precisamente, *ético*—, con otras que responden estrictamente al ámbito *legal y administrativo*. En efecto, este rechazo de la *«profesionalización del AT»* —manifestado particularmente por parte de algunos colegas brasileños— resulta justificado, en el temor a que esa jugada pudiera traer como consecuencia, a partir de la regulación de la actividad por parte del estado, una nefasta *estandarización* y *control* de las prácticas. Algo similar a lo planteado durante décadas desde ciertos sectores del *Psicoanálisis*, tradicionalmente refractarios a todo atravesamiento o intromisión estatal. Y por cierto, no es infundado ese temor…!!!

Sin embargo, en determinadas circunstancias —como las que se observan aún hoy en nuestro país—, sostener la actividad de los acompa-

5. En enero de 2006 tuve ocasión de participar —por invitación de Analice de Lima Palombini— en el 2do. encuentro de la *Jornada en 2 movimientos* organizada en forma conjunta en la sede de la *Universidad Federal Fluminense* (Niterói) por colegas de Porto Alegre y Río de Janeiro. Tuvo para mi un impacto muy fuerte conocer el desarrollo del *Acompañamiento Terapéutico* y su inserción en las experiencias clínicas y comunitarias que se venían realizando desde hacía más de 10 años —particularmente en el estado de *Río Grande do Sul*—, promovidas y sostenidas como parte de las políticas públicas en el marco de la *Reforma Psiquiátrica*, y en articulación con las Universidades de ambos estados. El contraste con las políticas neoliberales de los 90´y los primeros años de la década siguiente en Argentina, resulta evidente.

ñantes terapéuticos por fuera de toda inscripción académica, legal y administrativa, tampoco parece ser la mejor opción, al menos en Argentina. No, particularmente, si se tiene el propósito de que puedan tener acceso a los beneficios de esta prestación *todos aquellos usuarios que así lo requieran*, como parte de los dispositivos de atención en *Salud Mental* del ámbito público. Y que, por otra parte, esa prestación esté a la altura de la complejidad clínica de la intervención requerida, y la responsabilidad que ello implica. Lo que hace imprescindible también avanzar prontamente en una regulación de las instancias académicas dedicadas a la formación de los profesionales del sector[6]. Pero es fundamental, entonces, tomar las precauciones necesarias para que esa inclusión y reconocimiento formal, no se inscriban de cualquier manera. Vale decir, que esa regulación profesional del *AT* no implique dar lugar alguno a una degradación conceptual, ni a ningún tipo de concesiones técnicas, ni extravíos o condicionamientos *éticos*. Es sin dudas un gran desafío, pero por el que vale la pena apostar, y esto requiere de la mayor implicación y compromiso de todos quienes participan en la cotidiana construcción de esta actividad.

De nuestra organización política e institucional, en la búsqueda de nuevos modos de lazo social.

Por último —y en íntima conexión con lo que acabo de enunciar—, resulta indispensable examinar y poner en consideración la compleja singularidad del actual *momento político* del *Acompañamiento Terapéutico*, tanto en Argentina como en el ámbito internacional. Lo que va de la mano con la reconstrucción y revisión de nuestra propia historia. Todo

6. En este contexto, podemos conjeturar que la muletilla antes mencionada sobre *«la falta de conceptualización de la función del AT, la falta de bibliografía y de un marco teórico de referencia…»*, deriva en realidad, en buena medida, de las distorciones y déficits observados en algunas propuestas de capacitación. Especialmente aquellas que, con la promesa de una pronta salida laboral, no miden en absoluto las consecuencias que eso tiene para quienes luego de algunas semanas de *«capacitación»* —muchas veces con apenas un título de escuela secundaria como requisito de ingreso— se las deben ver con algo para lo que no han sido debidamente preparados. La falta de regulación académica en la formación de acompañantes terapéuticos posibilita sin lugar a dudas este peligroso escenario. Y la pronta salida laboral, según puede concluirse, resulta ser una trampa en exclusivo beneficio de quienes ofrecen irresponsablemente esos *cursos express*.

parece indicar que también aquí nos encontramos transitando tiempos de un fructífero reordenamiento, luego de la vertiginosa aceleración de acontecimientos que se fue produciendo en la búsqueda y ensayo de los *diversos modos de lazo social* entre los acompañantes terapéuticos durante el período histórico que venimos describiendo, y que incluye la creación de las primeras *Asociaciones de AT* en Argentina y Brasil.

En Argentina, vivimos actualmente un momento muy especial, que puede significar por fin un salto cualitativo para el reconocimiento profesional de esta práctica. Hay actualmente en todo el país un debate abierto, a partir de la apasionada discusión de distintos proyectos de ley para la regulación de la actividad. Al respecto, resulta una referencia paradigmática a nivel nacional la reciente modificación, en la Provincia de Río Negro, del Artículo N° 4 de la *Ley provincial de regulación del Acompañamiento Terapéutico* (N° 4624), luego de un arduo trabajo intersectorial, saneando la situación del colectivo de *AT* que habían sido excluidos por la misma, y que ahora podrán matricularse independientemente de la titulación que posean, además de darles un plazo de cinco años para que puedan realizar la formación de nivel técnico que la ley exige.[7]

Por mi parte, tengo la convicción de que estamos transitando un momento muy importante, en el que su regulación y su pleno reconocimiento legal es prácticamente un hecho irreversible: puede demorar un poco más, puede demorar un poco menos, pero está al caer. Y esta suerte de *«crisis de abundancia»* de proyectos de ley, lejos de ser un problema, es lo que nos puede permitir arribar a la configuración de un proyecto realmente inclusivo y representativo de todos los *AT*, que reconozca y legitime además el trabajo de tantos colegas que durante décadas —y a pesar de todas las dificultades atravesadas, que no hace falta enumerar aquí— han prestigiado y dignificado nuestra profesión. Se ha abierto el debate en todo el país, y si sabemos aprovechar esta coyuntura, están dadas

7. Balmaceda, M. Santángelo, V., Río Negro, un nuevo hito en el Acompañamiento Terapéutico, en L*a PlazAT. La revista digital de los Acompañantes Terapéuticos* N° 4 / Julio de 2018.

las condiciones para que se produzca un hecho prácticamente inédito: que la ley que regula una actividad profesional en nuestro país surja a partir de un verdadero debate a nivel nacional de los profesionales del sector. Y es eso lo que está ocurriendo.

Por otra parte, nos encontramos ya en los preparativos de nuestro próximo *Congreso Internacional*, cuyo número de orden —décimo segundo— resulta sorprendente[8]. Y vale la pena rememorar las circunstancias en que luego de algunas décadas de frustrados ensayos, por fin se inició la serie, esa que anteriormente parecía condenada a episodios unitarios, caracterizados por un *«siempre tener que volver a empezar»*[9]. Tomamos así la posta de otros colegas como Dorfman Lerner[10] y Alicia Donghi[11] —hacia finales de los 70´—, y luego Silvia Resnizky y Susana Kuras de Mauer —a mediados de los 80´—, quienes a través de sus publicaciones y la organización de las primeras actividades de docencia, encuentros, y jornadas, habían comenzado a trazar los primeros esbozos conceptuales de esta práctica. La cual, podemos afirmar —y a pesar de todas esas dificultades—, ya por entonces había logrado consolidarse, a fuerza de pura eficacia, como una herramienta clínica esencial para el abordaje de pacientes con trastornos graves. De hecho, el *«Primer Congreso Nacional»* —realizado en Buenos Aires en noviembre de 1994— estuvo a punto de correr la misma suerte, y debieron transcurrir nada menos que siete años hasta la realización del siguiente. Sin embargo, podemos considerar que esos años de intervalo no transcurrieron en vano.

---

8. Sería en verdad el *décimo tercero*, si contamos a partir del *1er. Congreso Iberoamericano de Acompañamiento Terapéutico*, realizado en Buenos Aires en 2003, con una convocatoria hasta entonces inédita para un congreso de esta especialidad —más de 600 participantes— al que concurrieron, además de los argentinos, cerca de 100 colegas de Brasil, Chile, Colombia, España, México, Perú y Uruguay.
9. Las primeras actividades realizadas en torno al tema durante los 80´, si bien llegaron a congregar un importante número de participantes y expositores —como el *«Primer Encuentro Argentino»*, realizado en Buenos Aires en 1983, y que contó con más de 170 inscriptos, tanto acompañantes terapéuticos como profesionales del campo de la Psicología, la Psiquiatría y el Psicoanálisis—, desafortunadamente no hicieron serie, ni dieron lugar a ningún testimonio escrito para la posterior difusión del material allí presentado.
10. Dorfman Lerner, B.; *«El acompañamiento terapéutico. Nuevo modo de investigar en psiquiatría»*, en Revista Acta Psiquiátrica y Psicológica de América Latina, Bs. As., 30, 1984.
11. Donghi, A.; «El acompañamiento terapéutico: una aproximación teórica», publicado en la revista Actualidad Psicológica Nº 49, Buenos Aires, septiembre de 1979.

Tal vez, lo distintivo de ese evento respecto de las jornadas y encuentros anteriores, pueda explicarse por su íntima conexión con la publicación de *dos nuevos libros*, que potenciaron su valor de *marca*. El primero de ellos[12] —aparecido apenas unos días antes, y presentado en esa ocasión— proponía una nueva perspectiva en la conceptualización de *la función del AT* desde las coordenadas del *Psicoanálisis*, abriendo así una fuerte discusión con aquella única publicación existente hasta el momento en nuestro país, de marcada pregnancia psiquiátrica.

El otro libro —publicado un año después—, reunía una interesante compilación de las ponencias de ese mismo congreso, permitiendo desplegar aún un poco más el abanico de temas y autores, bajo el lema: *«Hacia una articulación de la clínica y la teoría»*. Quizás la conjugación de estos hechos hizo que a partir de allí, se fueran generando, sosteniendo y afianzando en Argentina, durante ese intervalo, ciertos lazos y puntos de encuentro que, en definitiva, abrieron las puertas para la realización en 2001 —esta vez en la ciudad de Córdoba— del *«Segundo Congreso Nacional»*.

Una nueva marca, y un nuevo testimonio: *Eficacia clínica del AT* (2002), que con la participación de Kleber Duarte Barreto (San Pablo, Brasil) y Marisa Pugès Allegue (Barcelona, España) se convertía en nuestra primera publicación de carácter internacional[13]. Fue recién entonces que los acontecimientos se comenzaron a precipitar, tomándose por costumbre a partir de ese momento que al finalizar cada congreso, se decidiera entre los participantes qué ciudad sería sede del siguiente.

12. Pulice, G., y otros; Acompañamiento Terapéutico. Aproximaciones a su conceptualización, Buenos Aires, Xavier Bóveda, 1994.
13. Manson, F; Pulice, G.; Dragotto, P.; Frank, M.; Alderete, S. y otros (Comp.); *Eficacia clínica del Acompañamiento Terapéutico*, Buenos Aires, Polemos, 2002.

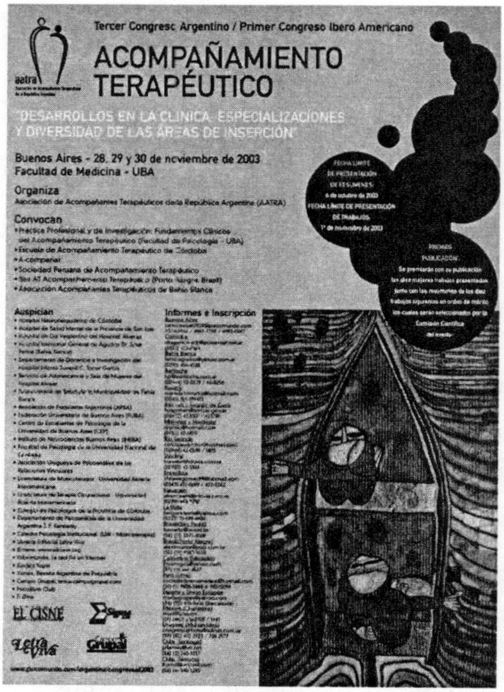

Afiche del Primer Congreso Iberoamericano de Acompañamiento Terapéutico

El *3er. Congreso Argentino*, que se llevó a cabo dos años después (2003), llegó acompañado de algunas novedades muy importantes: por un lado, la realización, en forma conjunta, del *«Primer Congreso Iberoamericano de AT»* —que, como decíamos, además de argentinos y brasileños, contó con la activa participación de numerosos colegas venidos de Chile, Colombia, México, España, Perú y Uruguay—; y, por otra parte, la creación —impulsada por Federico Manson— de la *Asociación de Acompañantes Terapéuticos de la República Argentina* (AATRA)[14].

Ambos hechos estuvieron íntimamente relacionados: por diversas circunstancias inherentes a la organización de este primer cónclave de carácter internacional, se hizo indispensable darle al mismo un *marco institucional*, hasta ese momento inexistente, habida cuenta de que tampoco se contaba por entonces en nuestro país con apoyo alguno por parte del estado o la universidad. Me reservaré en esta ocasión muchos detalles importantes, que con gusto podremos conversar con los interesados en los próximos encuentros, o a través de las redes sociales. Pero quería destacar aquí que, más allá de las vicisitudes que se hayan sucedido después —en buena medida, por la pura inexperiencia en esos primeros años de quienes nos embarcamos en esa aventura—, la perseverancia en la organización regular de los distintos encuentros, jor-

---

14. Asociación en cuya creación y desarrollo partcipé activamente desde 2003, desvinculándome en 2011 luego de presidir el *VI Congreso Internacional / VI Iberoamericano de Acompañamiento Terapéutico*, realizado en Buenos Aires. Cabe señalar que el único antecedente de AATRA del que tenga conocimiento, a nivel institucional, fue la creación en la ciudad de Bahía Blanca, Provincia de Buenos Aires, de la *Asociación Línea Vida Acompañamiento Terapéutico*, en 1996. Ver en Graiño, C., Fernández, V.; *Acompañamiento Terapéutico. Historia institucional, y perspectiva clínica*, Bahía Blanca, 2014.

nadas y simposios regionales, provinciales, nacionales e internacionales que se fueron llevando a cabo en forma conjunta —y en plena colaboración e intercambio— con todos los colegas de otros países que fueron participando de distintas maneras en la construcción de este verdadero *colectivo internacional*, marcaron un antes y un después en la historia de esta actividad. Estamos construyendo esa historia: y los *XV Congresos Argentinos / XII Iberoamericanos / XI Internacionales de Acompañamiento Terapéutico* celebrados desde 1994, son nuestro mejor legado.

II

Modelos de implementación del AT en Salud Pública

AT como Dispositivo, AT como Función, AT como Profesión[1]

Dedicaré el tramo inicial de esta ponencia a la presentación de una breve revisión histórica acerca del surgimiento del *Acompañamiento Terapéutico* en Argentina, y la incidencia que tuvieron sobre su desarrollo en nuestro país las vicisitudes políticas atravesadas en las últimas décadas, en particular en lo referido al sector Salud Mental. Quisiera aclarar que mi interés por hablar de estas cosas aquí se justifica en la medida en que, según estimo, nos puede aportar cierta perspectiva desde donde visualizar las encrucijadas en las que el *Acompañamiento Terapéutico* se encuentra hoy, y que no difieren demasiado de aquellas que señalara oportunamente en las vísperas de la realización en São Paulo del *VII Congreso Internacional* de la especialidad: *Polifonía. As diversas vozes do AT*. Una de ellas —la encrucijada eterna, podríamos decir—, reintroduce una pregunta fuerte, en conexión precisamente con el tema central de aquella convocatoria internacional. Es la pregunta por la definición misma del *Acompañamiento Terapéutico*, por su naturaleza, su ADN, la composición de su carne. Por las peculiaridades de su técnica, sus incumbencias clínicas y su diversidad; pero también por sus límites.

En esa Polifonía, ¿cuáles, serían las coordenadas de referencia, para que a esa multiplicidad tan heterogénea de *«voces»* y *«movimientos»* se las continué llamando por igual *Acompañamiento Terapéutico*? Por otra parte, ¿qué *es* el *Acompañamiento Terapéutico*[2]? ¿Es una *función*, o es un *dispositivo*? ¿Tiene algún valor que se pretenda su reconocimiento formal como una *profesión*?

1. Conferencia dictada en la *Universidad Metodista de São Paulo*, en el marco del Simposio: *AT na Saúde Pública*, el 1 de septiembre de 2012.
2. Pregunta que será retomada específicamente desde el inicio del capítulo IV, *Acompañamiento Terapéutico, transferencia y dirección de la cura*.

A partir de ello, me interesa transmitir aquí algunas precisiones conceptuales y técnicas, relativas a la compleja especificidad que adquiere esta herramienta clínica no ya en el marco general del *Sistema Público de Salud*, la institución asistencial, o el ámbito comunitario, sino en la trama singular del tratamiento de un sujeto. Lo que implica para el *AT* la asunción de cierta posición no sólo clínica, sino esencialmente *ética*, que si bien no desarrollaré aquí de manera exhaustiva, se traslucirá sin dificultades para quien lo sepa oír[3]. Cierta posición, digo, a sabiendas de que no es la única posible, y quizás tampoco la más difundida, habida cuenta de la sorprendente heterogeneidad de lineamientos teórico-clínicos que en las últimas décadas fueron incorporando este recurso a sus prácticas y dispositivos: la *Psiquiatría Dinámica*, la *Psicología Cognitiva Conductual*, las *Terapias Sistémicas*, el *Esquizoanálisis* —tan sorprendentemente difundido en Brasil—, y desde el comienzo el *Psicoanálisis* en su variada diversidad de orientaciones. Por último, dedicaré unas palabras a cierta encrucijada del *Acompañamiento Terapéutico* casi exclusivamente brasileña —no es, en verdad, algo que se encuentre en mayor discusión en los demás países en los que se desarrolla esta actividad—, la que se deriva de la polémica planteada en torno de su jerarquización académica y profesionalización.

El *Acompañamiento Terapéutico*: función, dispositivo o profesión?

Resulta interesante la parábola histórica que puede observarse en los intentos de delimitar, de formalizar conceptualmente el *Acompañamiento Terapéutico*. Desde esos borrosos primeros trazos, a partir de los cuales se diferenció evolutivamente de las otras disciplinas[4]; pasándose luego a los primeros intentos de formalización conceptual que se inauguran con aquel precioso libro de Silvia Resnizky y Susi Kuras; hasta la «explosión» de publicaciones que se observa a partir de esta última década, tomando cada vez más consistencia la configuración de un corpus teórico propio, de carácter internacional y bilingüe —como gusta decir Mauricio Castejón Hermann. Podemos observar así un desarro-

3. El tema será retomado y desarrollado más ampliamente en el siguiente capítulo, *Ética y Responsabilidad profesional*.
4. Ver Pulice, G.; *Fundamentos clínicos del Acompañamiento Terapéutico*, Buenos Aires, Letra Viva, 2016 (1ra. Edición, 2011). Capítulo 1, Del «mito de origen», a la situación actual del Acompañamiento Terapéutico en Latinoamérica.

llo fantástico del *Acompañamiento Terapéutico*, y esa misma producción bibliográfica nos muestra también cómo su utilidad y eficacia se verifica en una diversidad de áreas clínicas que desde hace ya muchos años dejó de limitarse al terreno inicial de las psicosis y las toxicomanías. Se fue avanzando mucho en la conceptualización de cada una de esas áreas específicas, y fíjense que no estoy hablando de patologías, ni cuadros nosográficos, ni siquiera de estructuras clínicas en el sentido propiamente psicoanalítico: el acompañamiento terapéutico con *pacientes terminales*, por ejemplo, presenta ciertas peculiaridades, hay ciertas coordenadas a situar allí que, si bien pueden conjugarse en cada caso con su elucidación diagnóstica, no están sobredeterminadas por ellas, no coinciden con ellas. El modo en que un sujeto —y cada uno de sus *«seres queridos»*—, se posiciona respecto de esa muerte próxima, no guarda relación causal alguna con la casilla de la nosografía que previamente le fuera asignada. No obstante, hay sin dudas, en todos esos casos, un paisaje en común.

Pero lo que me interesaba situar con este ejemplo —para no distraernos del tema que aquí nos convoca—, es que ese avance tan importante en la conceptualización del *Acompañamiento Terapéutico* en cada una de esas áreas específicas de trabajo, o de ciertos aspectos técnicos de sus intervenciones —como el tránsito por el espacio urbano, tan magistralmente abordado por Analice Palombini— han tenido el efecto de producir, a mi gusto, cierta dispersión respecto de los fundamentos clínicos y la especificidad de la función del *AT*, tal como es preciso deducirla de la lógica singular de cada caso, para poder orientar sus intervenciones y articularlas estratégicamente, de manera eficaz, en la dirección de la cura. Me remito a otro mínimo ejemplo para ilustrar lo que intento transmitirles, un caso sobre el que no tengo casi ningún dato, apenas un comentario de un colega carioca muy apreciado por mi, quien —si no recuerdo mal— participaba del equipo tratante. Se trata de un joven, también de Río de Janeiro, que presentaba una curiosa variedad de la fobia, podríamos llamarla: *praiafobia*. Es realmente problemático tener *fobia a la playa* en Río...!!! Pero lo interesante de esta mínima viñeta clínica es que nos permite poner en su lugar el eje de nuestra indagación: de poco nos serviría, para abordar la problemática de ese sujeto, que centráramos nuestra atención en las características de la *praia*. De la misma manera que en el caso del pequeño Hans (Freud, 1909), carecería de todo interés, para elucidar su fobia —y operar clínicamente sobre ella—, que Freud se hubiera dedicado al estudio de los caballos.

La actual tendencia a definir al *Acompañamiento Terapéutico* como un dispositivo, a mi gusto, no favorece este esclarecimiento. Mucho menos en su cruce con esa noción que Deleuze y Guatari, toman prestada de Wittgenstein: el dispositivo como *rizoma*. Wittgenstein es el precursor de la *«deconstrucción»*, método preanunciado en sus juegos de lenguaje, a través de los cuales acorrala las fallas más pequeñas, los supuestos que parecen fundamentados, irrumpiendo contra los límites que la estructura misma del lenguaje le impone, allí donde todo lo que se puede decir es para él un *sinsentido*. En contraposición a la modalidad arbórea de la filosofía tradicional, que busca las raíces sobre las cuales se construyó su objeto, los juegos del lenguaje y los parecidos familiares permiten definir las últimas formulaciones de Wittgenstein —su método terapéutico— como rizomáticas.

¿Qué caracteriza a un rizoma?

Como los bulbos y tubérculos, el rizoma se despliega en una multiplicidad de formas expandidas en cualquier dirección. Cualquiera de sus puntos puede conectar con cualquier otro. No hay un punto central, cerrado en sí mismo, que sirva como núcleo. No hay carretera principal; constituye un modelo acentrado, se asemeja a una red. Modifica su naturaleza al tiempo que va expandiendo sus conexiones. Si se llega a romper, comienza de nuevo siguiendo otra línea, sin responder a ningún modelo estructural ni generativo: no exige reconocimiento de estructuras, sentidos, orígenes, o intenciones. Así, la *«terapia»* propuesta por Wittgenstein se ubica en la línea del *análisis interminable*, quedando por fuera de su campo de observación aquellos descubrimientos que marcaron de manera esencial la experiencia freudiana, conduciendo a Freud —y luego a Lacan—, a la formulación de ciertos conceptos esenciales a la ética del psicoanálisis. El sujeto, en tanto *sujeto del lenguaje*, es por definición *sujeto dividido*. Y esa división subjetiva, inconciente y estructural, afortunadamente o no, nos diferencia de las papas y otros vegetales rizomórficos.

El *Acompañamiento Terapéutico* como dispositivo, en esta acepción polifónica y rizomática, se ajusta muy bien, por supuesto, al momento inicial de cualquier intervención. Y en verdad, no podría ser de otro modo, aún en los casos en que su *presencia* es requerida en la temporalidad de la urgencia, ante la irrupción de la crisis, e incluso luego, en su posterior atravesamiento. Pero esa supuesta indeterminación —propia del inicio del acompañamiento— pronto encuentra sus límites: algo nos toma de sorpresa justo en el instante en que las cosas parecían comenzar a marchar. Algo detiene la marcha, hace obstáculo a nuestras intervenciones, introduce malentendidos en el seno mismo del equipo tratante, y pronto descubrimos que lo que en un principio considerábamos como meras contingencias, tropiezos o accidentes involuntarios, se revela de pronto en toda su consistencia, a contramano de los objetivos terapéuticos. Pero... qué es eso con lo que lo que nos topamos allí...?

Se trata del encuentro —como diría Peirce— con una *regularidad inesperada*, que empuja al sujeto y mueve los hilos de toda la escena familiar en dirección contraria a lo que, sin embargo, se insiste en expresar como el mayor anhelo: Es el encuentro con *lo inconciente*, con *la transferencia*, con *la pulsión* —que en su cruce con la *repetición*, en la *compulsión de repetición*, se nos revela como *pulsión de muerte*. Es el ominoso encuentro con ***eso*** que habita parasitariamente al sujeto, que lo divide, que lo fragmenta, que lo hace marioneta de sus juegos, que lo muerde por dentro y fuera en su cuerpo y en su alma, haciéndolo puro objeto de una maquinaria de goce que no puede detener.[5]

A partir de ese encuentro, toda intervención rizomática estará condenada al fracaso, si en su polifonía no se alcanzan a distinguir con precisión —y a desactivar, para liberarlo—, aquellas alienantes *voces e imposiciones del Otro* en las que tanto el sujeto, como cada uno de los integrantes de su elenco familiar, se extravían.

Recién allí —y sólo allí— cada integrante del *Dispositivo Acompañamiento Terapéutico* —es decir, cada uno de los acompañantes—, deviene *función*, revelándose con nitidez su propia figura; vale decir, su posición transferencial, la de cada *AT*, como pieza no tan fácilmente sustituible en el andamiaje de la cura. En tanto analistas, y también en tanto acompañantes terapéuticos, esto nos obliga a trabajar un poco más, a desechar las recetas y los métodos *Prêt-à-porter*. A dejar nuestro propio ser en suspenso, con el temple y la paciencia necesarios para que el sujeto en su condición de deseante, con todos sus infortunios, pueda finalmente advenir. Y recién entonces, a partir de comenzar a situar nuestra propia posición—en esa geografía singular que sólo es posible captar en transferencia—, estaremos en condiciones de definir nuestra función y nuestras intervenciones posibles[6]. Por eso, lo más difícil de soportar, en nuestra profesión, es que el *AT* es una presencia que toma un rasgo ***singular***, en la lógica de cada caso. Y no hay ningún recetario ni manual que permita anticipar, o establecer *a priori*, una definición. Pues sólo en el devenir de la cura, y en el encuentro con el modo singu-

---

5. Este apartado será desarrollado en mayor profundidad en el capítulo IV.
6. Se encontrará un amplio desarrollo del tema en Ibid., Capítulo 3, La función del acompañante terapéutico, y su inclusión en la estrategia de un tratamiento; Capítulo 4, De la historia clínica, a la formulación lógica del lugar del acompañante, en la transferencia.

lar en que se configuran para cada sujeto las coordenadas de su alienación y su padecimiento en las relaciones con el *Otro*, se podrán despejar las coordenadas de la función del *AT* y su posición en la transferencia. Sólo así, su intervención tendrá mejores chances de resultar eficaz.

Acerca de la profesionalización del *AT*

Para concluir, diré algunas palabras más sobre los cuestionamientos planteados acerca de la profesionalización del *AT* —particularmente en Brasil—, que según señalaba al comienzo de mi exposición, no es algo que genere mayores objeciones en otros países. En efecto, a partir de los avances que se fueron produciendo en Argentina respecto de la inclusión de esta práctica en la nueva legislación nacional y provincial, y las exigencias surgidas a partir de ello respecto de la regulación y jerarquización de sus instancias académicas, los colegas de otros países —como Colombia, México, España y Uruguay— que vienen participando en los últimos años de los *Congresos Iberoamericanos* e *Internacionales* inaugurados en 2003, comenzaron a impulsar diversos proyectos que apuntan en una dirección similar: propiciar la creación de las correspondientes instancias institucionales representativas de los *AT* de cada país o región, que puedan erigirse en interlocutores válidos de los respectivos organismos estatales, a fin de propiciar la incorporación formal del *Acompañamiento Terapéutico* en los distintos ámbitos del sector *Salud Mental*.

No obstante, es conveniente esclarecer algunos malentendidos. Por un lado —y tomando prestada otra expresión de Wittgenstein—, las *diferencias de terreno* suelen producir diferentes resultados aún cuando se siembre la misma *semilla*. Y como fue señalado en el capítulo anterior, no pueden ser ignoradas las importantes diferencias observadas entre las políticas en Salud Mental de cada uno de los distintos países en los que se fue desarrollando esta actividad. Si a ello se le suma la alternancia en el signo político de los gobiernos de turno en cada estado, en cada provincia, incluso en cada una de las grandes ciudades, nuestro análisis de esas diferencias alcanzará entonces un altísimo nivel de complejidad. Al menos en el ámbito público, la figura del *AT* corrió en cada uno de ellos muy distinta suerte.

A modo de ejemplo —y para ilustrar estas vicisitudes—, podemos remitirnos también aquí a lo acontecido en torno de una de las experiencias más importantes de nuestro campo, desarrollada desde los 90´ en Brasil. Como señalábamos anteriormente, a partir de la *Reforma Psi-*

quiátrica[7] la inserción del AT contó, en algunos distritos de ese país, con un creciente apoyo estatal —particularmente en el estado de *Río Grande do Sul*—; en oposición a las penosas condiciones de desamparo por parte del estado observadas en Argentina en ese mismo período, dominado hasta 2003 por las más salvajes políticas del neoliberalismo, especialmente hasta la promulgación de la nueva ley de *Salud Mental* en la ciudad de Buenos Aires en 2001, y finalmente la *Ley Nacional de Salud Mental Nro. 26.657*, promulgada en 2010.

Sin embargo, apenas un año después de aquel encuentro en la «*Jornada en 2 Movimientos: Porto Alegre-Niterói*»[8] —en el que tuve la oportunidad de conocer en mayor profundidad la experiencia llevada adelante en Porto Alegre por Analice de Lima Palombini, Marcio Belloc, Karol Veiga

---

7. La *Reforma Psiquiátrica Brasileña* es un movimiento sociopolítico que surge en el ámbito de la salud pública y que, desde el punto de vista de la gestión de políticas públicas, se une estrechamente a una legislación en Salud Mental iniciada en el año de 1990, con la Declaración de Caracas, aprobada por aclamación en la Conferencia Regional para la Reestructuración de la Asistencia Psiquiátrica dentro de los Sistemas Locales de Salud. Varias medidas se van definiendo para esa política: comienza en 1990 desde el Ministerio de Salud un proceso de fiscalización más eficaz (hasta allí casi inexistente) del ámbito hospitalario, nuevas normas de calificación de los servicios, que permiten cerrar muchos lechos psiquiátricos francamente deficitarios. Paralelamente comienza a darse apoyo para crear los llamados servicios sustitutivos al hospital-servicios de atención diaria de base municipal. Cabe destacar que todo ese movimiento es lento, difícil y muy amenazado. Los números hablan: desde 1990 hasta 1999 se crean 237 equipos en todo el país, que en ese momento cuenta con aproximadamente 140 millones de habitantes.
   Finalmente, en abril de 2001 se promulga la Ley 10.216, la llamada Ley de la Reforma Psiquiátrica. Derivada del proyecto de Ley del diputado Paulo Delgado, consagra el principio de atención extra hospitalaria, de corte comunitario, promotor de integración social y legisla sobre las internaciones, estableciendo como ejes de la política los derechos del paciente y sus familiares. En ese mismo mes, el Consejo Nacional de Salud convoca la III Conferencia Nacional de Salud Mental, realizada en diciembre de 2001. Allí se define la política de Salud Mental del país. Sus temas: financiamiento de las acciones, fiscalización del parque hospitalario psiquiátrico, implantación de los nuevos servicios extra-hospitalarios, formación de recursos humanos adecuados al proyecto, entre otros. Para más información, ver por ejemplo: Marazina, I.; *El proceso de tercerización en la salud mental brasilera,* en *Revista Topía.*
8. Se realizó en esa oportunidad —enero de 2006—la 2da. Parte de la Jornada en 2 Movimientos: Porto Alegre-Niterói, que contó con el apoyo y representación del Ministerio de Salud y la Coordinación General de Salud Mental de Brasil, la Universidad Federal Fluminense y la Universidad Federal de Río Grande do Sul.

Cabral y otros colegas—, el sorpresivo cambio de rumbo político en esa ciudad luego de los comicios de 2007 estuvo a punto de desarticular lo que tan trabajosamente se había gestado durante una década.

Pero a mi gusto, además de esas *«diferencias de terreno»*, tal controversia se ha producido también a partir de la confusión de ciertas cuestiones de orden conceptual y clínico —o, más precisamente, *ético*—, con otras que responden estrictamente al ámbito *legal y administrativo*. En efecto, este rechazo de la *«profesionalización del AT»* manifestado particularmente por parte de algunos colegas brasileños —como señalába en el capítulo anterior—, resulta justificado, en el temor a que esa jugada pudiera traer como consecuencia, a partir de la regulación de la actividad por parte del estado, una nefasta estandarización y control de las prácticas. Sin embargo, *función* y *profesión*, no son términos contradictorios. Cuando hablamos de *función*, nos estamos refiriendo a una discusión planteada en términos *clínicos*. Cuando hablamos de *profesión*, nos referimos estrictamente a un aspecto *administrativo*, incluso político o gremial. Pero es esencial no confundir un asunto *administrativo o político*, con un *problema clínico*.

Como señalábamos anteriormente, en circunstancias como las que se observan aún hoy en nuestro país, sostener la actividad de los acompañantes terapéuticos por fuera de toda inscripción académica, legal y administrativa, no parece ser la mejor opción, y no solamente para los acompañantes. Pues si se tiene el propósito de que puedan acceder a esta prestación todos aquellos usuarios que así lo requieran, como parte de los dispositivos de atención en *Salud Mental* del ámbito público, su inscripción formal en el nomenclador es una condición que no resiste ninguna discusión. Lo que tiene como correlato, por otra parte, que los requerimientos en la capacitación de los profesionales o técnicos que brinden esa prestación, estén a la altura de la complejidad clínica de sus áreas de incumbencias, y de la responsabilidad que ello implica. Lo que hace imprescindible también avanzar prontamente en una regulación de las instancias académicas dedicadas a la formación de los profesionales o técnicos del sector. Pero es fundamental, entonces, tomar las precauciones necesarias para que esa inclusión y ese reconocimiento formal, no se inscriban de cualquier manera.

III

Ética y responsabilidad profesional[1]

Debo confesarles que mientras preparaba la ponencia que dio origen a este tramo de nuestro recorrido, no dejaba de pensar: ¿cómo me he metido en este brete...? Pues por entonces me comprometí a desarrollar un término, la *Ética*, sobre cuya significación me llevó mucho tiempo llegar a precisar alguna idea. Se habla todo el tiempo de *Ética*, incluso desde hace tiempo vengo intentando alcanzar algún conocimiento e investigando sobre este tema, pero les aviso que si bien les alentaré ahora a que me acompañen a desmenuzarlo, no es que tenga aún hoy decidido con toda claridad de qué manera entenderlo, y menos explicarlo. Dicho esto, voy a compartir simplemente con ustedes algunas de las cosas que en los últimos años pude ir elaborando, y otras que se me ocurrieron a propósito de esta nueva publicación.

Lo que vamos a abordar aquí, es entonces una primera aproximación a un campo en verdad muy complejo. Podría decirse, sin embargo, que el interés por todo lo relativo a la *Ética* y a la *Moral* no es para nada nuevo en la historia de la humanidad, sino que desde muy temprano se abre una fuerte interrogación acerca de cuestiones tales como *el bien* y *el mal*, o cómo conjugar estas nociones con el accionar humano. Es decir, cómo determinar —por ejemplo— cuándo una decisión está *bien* o *mal* tomada, y cómo fundamentar *porqué*. ¿Es posible conceptualizar aquello que ordena todo lo concerniente a las costumbres y al comportamiento de los hombres y mujeres en su vida social? Son preguntas que vienen por lo menos desde el momento en que tenemos noticias de que algunas

1. Los temas abordados en el primer tramo de este capítulo fueron presentados en ocasión de la clase dictada el 22 de Junio de 2012 en la apertura de la materia homónima, perteneciente del plan curricular de la Tecnicatura Universitaria de Acompañamiento Terapéutico, que se inauguró ese año en la USAL-Rosario, Provincia de Santa Fe (Dirección: Lic. Esther Tocalli).

personas empezaron a interrogarse sobre el sentido de la humanidad y el valor de sus virtudes y conductas.

Nuestro punto de llegada será entonces poder examinar cómo se conjugan estas diversas cuestiones con la labor profesional del *AT*, teniendo en cuenta, además, la multiplicidad de posiciones clínicas —y éticas— en las que actualmente se inscribe su práctica.

Sobre la *Ética* y la *Moral*

Hay una marca que inaugura la serie, que es la de los filósofos griegos, entre quienes Sócrates, Platón y Aristóteles son los más conocidos. Pero antes de ellos, hay sin embargo unos cuántos más, empezando por *Tales de Mileto* y el selecto grupo de *«los siete sabios de la Antigua Grecia»*, quienes empezaron a interesarse y pronunciarse sobre estos asuntos ya en el siglo VII a.c. Veamos algunos ejemplos, tomando como referencia ciertas proposiciones atribuidas a *los Siete Sabios*:

Cleóbulo de Lindos: se le atribuye la máxima *«La moderación es lo mejor»*. Gobernó como tirano de Lindos, en la isla griega de Rodas, c. 600 a. C. También se conoce su aforismo *«Aceptar la injusticia no es una virtud, sino todo lo contrario»*.

Solón de Atenas: acuñó la máxima *«Nada con exceso, todo con medida»*, para guiar el comportamiento práctico de los hombres. Solón (640 a. C. - 559 a. C.) adquirió fama como legislador y reformador social en Atenas. Otras máximas que se le atribuyen adoptan la forma del *Decálogo de Solón*.

Quilón de Esparta: autor de la máxima *«No desees lo imposible»*. Político del s. VI a. C., intenta mejorar los sistemas para controlar mejor a los más altos funcionarios del estado. Asimismo, se le atribuye la militarización de la vida civil de Esparta y las primeras medidas para la educación castrense de la juventud.

Bías de Priene: *«La mayoría de los hombres son malos»*, indica la máxima atribuida a este político griego que alcanzó gran fama como legislador en el s. VI a. C.

Tales de Mileto: Filósofo y matemático, destacó gracias a su sabiduría práctica, a su notable capacidad política y a la gran cantidad de conocimientos que poseía. Se le atribuye la máxima *«En la confianza está el peligro»*.

Pítaco de Mitilene: fue un estadista griego (c. 650 a. C.) que gobernó en Mitilene (Lesbos), junto con el tirano Mirsilo. Pítaco intentó restringir el poder de la nobleza, y ejerció el poder apoyándose en las clases populares. El aforismo por el que se le conoce es *«Debes saber escoger la oportunidad»*.

Periandro de Corinto: como tirano de Corinto, intentó mantener la estabilidad política interna y propició la prosperidad del país durante el período entre los s. VII-VI a. C. Se ocupó de reglamentar y humanizar el trabajo de los esclavos, protegió a la clase social de los campesinos pobres y obligó a la nobleza a reducir la suntuosidad de sus gastos. También llevó a cabo una sistemática política colonial de conquistas. La larga estabilidad de que gozó Corinto bajo su mandato contribuyó a que fuera incluido en el grupo de los sabios de Grecia. Es autor de la máxima *«Sé previsor con todas las cosas»*.

Pero es en verdad Aristóteles quien erigió a *la Ética* en una disciplina independiente. Por nuestra parte, hemos tenido ocasión de abordar algo de esto desde hace un tiempo, en conexión con la problemática de la amistad, tomando como referencia el libro más importante de Aristóteles sobre este tema, que es su *Ética a Nicómaco*[2]. Vamos a ver entonces, sobre *la Ética*, algunas cuestiones muy introductorias. Entre ellas, intentaremos situar su conexión y diferenciación respecto de la *Moral*.

Conviene preguntarnos, en primer lugar: ¿qué es la *Ética*? Según las definiciones clásicas— es una rama de la filosofía que se ocupa del *«estudio racional de la moral, la virtud, el deber, la felicidad y el buen vivir»*. Como verán, es ésta una serie muy heterogénea, está compuesta por entidades de muy distinta naturaleza. La *moral* y la *virtud* (*areté*), por ejemplo, no necesariamente sintonizan bien, pueden incluso quedar en tribunas contrapuestas. Sucede algo similar entre la *virtud* y el *deber*: son también —con suma frecuencia— términos en franca tensión.

Ahora bien, si nos detenemos unos instantes a examinar lo relativo a la *felicidad* y el *buen vivir*, ahí ya entramos en un terreno mucho más complejo, y podemos empezar por preguntarnos: ¿a qué llama cada uno: *«felicidad»* y *«buen vivir»*? A propósito de ello, recuerdo un viejo cuento, que más que un cuento es algo así como una *fábula*. ¿Saben qué es una *fábula*? Es interesante este género literario, la *fábula*; y muy pertinente

2. Pulice, G.; *Fundamentos clínicos del Acompañamiento Terapéutico*, Buenos Aires, Letra Viva, 3ra. Edición 2016. Capítulo 7, La problemática de la amistad en el Acompañamiento Terapéutico. Puede encontrarse otro breve desarrollo sobre el tema en el Capítulo 3, La función del acompañante terapéutico y su inclusión en la estrategia de un tratamiento, pág. 70 y sig.

a nuestro tema, pues se caracteriza por tener siempre *un propósito didáctico de carácter ético y universal*, mediante el cual suele hacerse una crítica de las costumbres y de los vicios locales o nacionales, pero también de las características universales de la naturaleza humana en general, a partir de historias breves protagonizadas por toda suerte de desventurados animales. Esa enseñanza, siempre aparece al final, a modo de epílogo, de conclusión, brindando un aprendizaje de carácter práctico o moral: la *«moraleja»*. Ésta sería una fábula si se tratara de animales, pero como se trata de seres humanos, sería algo así como una fábula humana. La historia es más o menos así:

Llega un empresario millonario a una de estas islas exóticas propuestas como destinos turísticos, para tomarse unos días libres en contacto con la naturaleza, antes de retomar sus estresantes actividades. El tipo empieza a caminar por la playa, se aleja un poco de la zona más poblada, y se encuentra de pronto con un pescador, que acaba de volver en su lanchón con la fresca cosecha del día. Luego de observarlo faenar durante un rato, el empresario se acerca a él, y lo contrata para que lo lleve al día siguiente con su lancha mar adentro, al lugar adonde habitualmente este hombre va a pescar. Salen a la madrugada, y ya llegados a destino empiezan a charlar sobre las cosas de la vida, de la familia, de lo que hace cada uno:

— Sí, yo cada madrugada, todos los días —dice el pescador—, hago una salida para pescar. Luego separo y faeno, y en seguida lo llevo al mercado para la venta...

— Y después que hace...? —pregunta el millonario.

— Lo que tengo ganas...!!! Luego de entregar la pesca, no hago más nada. Almuerzo con la familia, luego voy a la playa, y a la tarde al pueblo a tomar unos tragos con mis amigos...

Entonces el empresario, que era un tipo muy emprendedor y creativo para los negocios, le dice:

— Bueno, pero fíjese usted que está trabajando apenas unas horas nada más, y mire todo el pescado que sacó. Si en vez de hacer sólo una salida de pesca viniera usted dos o tres veces más al día, entonces le quedaría una mayor cantidad de pescado para vender y en realidad si usted en vez de tener una lanchita sola se va comprando otras lanchas... Podría ganar muchísimo dinero...!!!

El pescador le contesta:

— *¿Y para que querría tener tanto dinero?*

— *Y bueno* —replica el empresario—, *para viajar, tomarse unos días para irse de vacaciones al lugar que más le guste...*

— *Pero si yo soy muy feliz aquí con la vida que llevo aquí... Y éste es el lugar que más me gusta...!!!*

Se revelan allí dos posturas bastante contrapuestas en cuanto a los términos para pensar lo relativo a *la felicidad* y *el buen vivir*. Fíjense que aún en la simpleza que tiene esta historia, permite abrir una pregunta fuerte respecto de si es posible —por ejemplo— situar una posición *única* en relación a *lo ético*. Y justamente, el punto de interés más importante —o por lo menos aquello que a mí más me ha interesado últimamente en el abordaje de este tema—, es poder situar *qué sería lo que permite diferenciar una posición Ética de otra*. Porqué, o en función de qué, alguien se decide a tomar cierta *posición* frente a determinado asunto, y no otra. ¿Qué es lo que ordena cada *posición ética*?

— *La Ética tiene que ver con el carácter...?*

Justamente, ahí vamos. Ahí hay una diferencia importante. El término *Ética*, que nosotros usamos en español, proviene del latín, *ethĭcus*; y este, a su vez, del griego antiguo ἠθικός, transliterado como *ēthikós*. Según algunos autores, es correcto diferenciar *êthos* —que significa *«carácter»*—, de *ethos* —que significa *«costumbre»*—, pues nuestro término *Ética* se sigue de aquel sentido, y no de éste. Podemos decir entonces que estas dos distintas acepciones del término son las que dan lugar a la diferencia entre la *Ética* y la *Moral*. La *Ética* (*êthos*), es entonces *«el conjunto de rasgos y modos de comportamiento que conforman el carácter o la identidad de una persona o una comunidad»*. La *Moral* (*ethos*), a su vez, nace de una voz latina, *mōris*, que significa *«costumbre»*, y de ahí *mōrālis*, que es *«lo relativo a los usos y las costumbres»*. Hay quienes sostienen la equivalencia de ambas doctrinas en lo que respecta a su *objeto*, es decir, que el objeto de la *Ética* es equivalente al objeto de la *Moral*. Vamos a ver si podemos situar las diferencias. En realidad, no es tan sencillo, no es nada fácil establecer esa diferencia entre la *Ética* y la *Moral*, y uno podría llegar a la conclusión de que, desde cierto punto de vista, no hay tanta distancia... Pero la hay.

La *Ética* estudia la anatomía, incluso el corazón mismo —podríamos decir— de *lo moral*. Cómo se entiende racionalmente el funcionamiento de determinado *sistema moral*. Lo moral como *sistema*, como organismo, y no sólo como un conjunto establecido de reglas, normas y normativas. Cómo se justifica racionalmente, y cómo se ha de aplicar posteriormente a los distintos ámbitos de la vida personal y social. Es decir, cómo es que todo ese conjunto, toda esa normativa se aplica en la vida cotidiana de una comunidad. La *Ética* busca los resortes más íntimos que dan su identidad a un sistema moral, diferenciándolo de otros. ¿A qué apunta? A promover los comportamientos *deseables*. Deseables en el sentido de lo que se espera de una persona en el contexto de su vida social. Lo que sería deseable esperar como comportamiento de un sujeto, en determinadas circunstancias.

Una sentencia o sanción *Ética*, supone la elaboración de un juicio moral, y una norma que señale cómo deberían actuar los integrantes de una sociedad. Es una afirmación que contendrá términos tales como *«bueno»*, *«malo»*, *«correcto»*, *«incorrecto»*, *«obligatorio»*, *«permitido»*, términos referidos a un comportamiento, a una decisión o, incluso también, a las *intenciones* de quien actúa o decide algo. Esto resulta muy interesante, porque ya no sólo se trata de sancionar un hecho, sino que incluye también la sanción de una *intención*, a la manera del filme *Minority Report*[3], que pronto vamos a examinar.

La *Ética*, entonces, requiere de la reflexión y la argumentación sobre el conjunto de valoraciones generales de los seres humanos que viven en sociedad. Esto es algo propio de los griegos, el hecho de que toda reflexión sobre lo que es propio del género humano este íntimamente ligado a un pensamiento que es inalienable del ámbito social, más específicamente en esa dimensión de la *polis* que define al ser humano como un *animal político*, tal como gusta llamarlo Aristóteles. Entonces, no hay reflexión sobre el ser humano —por lo menos entre los pensadores griegos— que no incluyan esa dimensión *política*.

Retomando lo que decíamos hace un momento, algunos han caracterizado la *Ética* como el estudio del *«arte del buen vivir»*. Lo que suele obje-

3. *Minority Report* —en español, *Sentencia Previa*— es un filme de ciencia ficción dirigido por Steven Spielberg (2002), basado en un relato corto de Philip K. Dick titulado *El informe de la minoría* (1956). Se trata de un thriller cuya trama gira en torno de un complejo «dispositivo de prevención de delitos», que incluía a tres humanoides con capacidades paranormales muy desarrolladas, con percepciones sobre lo que iba a acontecer en el futuro, por lo que tenían la capacidad de anticiparse a los hechos y detener a los delincuentes antes de cometer el delito. Interpretado por Tom Cruise, Colin Farrell, Samantha Morton y Max von Sydow —entre otros.

tarse a esta idea, es que si se resumiesen todas las reglas de buena conducta sin acompañarlas de ningún examen validatorio, ellas formarían un arte, pero ya no sería una ciencia. Sucede que ahí donde se pretende dar a la *Ética* un estatuto científico, esto resulta complicado. Lo que no quiere decir que no pueda situarse cierta pregunta respecto de la relación entre *Ética* y *Ciencia*, o que no pueda pensarse a la ciencia en términos éticos: por ejemplo, interrogar desde el punto de vista ético el accionar de un científico. Una cosa es pensar que la *Ética* pueda intervenir la *Ciencia*, y otra cosa es pensar que podemos aspirar a cierto conocimiento científico de la *Ética*. Más adelante —a propósito de ese maravilloso tratado de *Ética científica* que es la obra teatral *Copenhague*— vamos a ver porqué, cuál sería la dificultad de dar a la *Ética* un estatuto de cientificidad.

Mientras preparaba la clase que dio origen a la primera parte de este capítulo, estuve buscando material sobre el tema en *Internet*, y hay unos cuántos videos que también les recomiendo ver, aunque no están planteados desde una perspectiva que a nosotros nos interese particularmente en este campo. Por lo general son videos que están al servicio de la empresa. Son enfoques relativos a la *Ética empresarial*. Me llamó la atención que en buena parte de esos videos, el filme que se toma para hacer alguna reflexión relativa al tema es el que protagonizan Jack Nicholson y Tom Cruise: *Cuestión de honor*[4]. La escena del juicio es realmente extraordinaria, es una de las glorias del cine, una actuación memorable de los dos. Luego la vamos a retomar, a propósito de la *Teoría Normativa*, pero vale la pena introducirla aquí a propósito de las *sentencias éticas*: cuando se sancionan o dictaminan *sentencias éticas*, se está juzgando moralmente a las personas, sus situaciones o sus acciones. Se establecen *juicios morales* cuando, por ejemplo, se dice: *«ese político es corrupto»*, o *«ese hombre es impresentable»*, *«su presencia es loable»*, etc. En estas declaraciones, aparecen los conceptos *«corrupto»*, *«impresentable»*, *«loable»*, que implican con mucha frecuencia valoraciones de tipo moral.

— *Entonces la Ética está relacionada con el deber-hacer...?*

Con el *estudio* del deber-hacer.

---

4. Película estadounidense (1992), dirigida por Rob Reiner, e interpretada por Tom Cruise, Jack Nicholson, Demi Moore, Kiefer Sutherland, Kevin Bacon y Kevin Pollak en los papeles principales. Está basada en la obra teatral homónima de Aaron Sorkin.

— Y la moral con el deber-ser...

La *Moral* sería ya, no el estudio sobre el *deber-ser*, sino la construcción misma del *deber ser*. Es la elaboración de las normativas del *deber-ser.* Toda esa elaboración de normativas podríamos decir que está en el registro de lo moral. Esa elaboración y montaje de las reglas, las normas o los valores morales, es lo que le da sustancia, lo que le da cuerpo a la *Moral*. La *Ética* es la que estudia justamente eso. No es fácil mantenerlas separadas, fíjense que pareciera que sus límites se nos desdibujan todo el tiempo. Es una frontera más difícil de delimitar que la de Argentina y Chile hasta principios los ´80. Es un borde que, según desde dónde se mire, se confunde todo el tiempo. Pero intentaremos hacerlo. Vamos a ver la definición y objeto de cada una de ellas, y vamos a ver también algunas cosas más.

Partimos de la *Moral*, como *sistema*, como un conjunto de reglas, normas y normativas de comportamiento social; luego, la *Ética* que es el estudio de la *Moral*, o de la diversidad de lo moral. Pero después resulta que tenemos la diversidad de las *Éticas*. Entonces, lo que nosotros estamos situando es un punto de abordaje que nos lleva inevitablemente a esta interrogación de la *Ética* y, en la medida en que las *Éticas*, además, van a diferenciarse en buena medida a partir de su modo de abordar lo moral, entonces no podemos examinar unas sin las otras. No podemos examinar *las Éticas* sin incluir sus diversidades en el abordaje de lo moral.

— Si uno aborda la Moral tiene que abordar la Ética, sería como si la clase fuera sobre Las Morales. No entiendo, si además estarían como si no se pudiera hablar de una sin la otra...

Se puede, pero no estaríamos diciendo nada, serían sólo especulaciones teóricas, porque para poder darle contenido a la *Ética* hay que remitirse a algún sistema moral. Por otra parte, no es solamente que cada *Ética* tiene su *Moral*, o que cada *Ética* se desprende de una *Moral* determinada, sino que podemos distinguir los diversos posicionamientos éticos como *distintos modos de abordar lo moral*, que no es lo mismo que decir que vamos a clasificar o distinguir a las *Éticas* según los distintos *Sistemas Morales* que abordan. Se puede abordar el mismo problema moral, desde distintas posiciones éticas. Entonces, una cosa es pensar que *cada Ética se distingue y se caracteriza por estar vinculada a una Moral determinada*, entonces *Ética* y *Moral* se sobredeterminarían mutuamente. Desde este punto de vista, cada *Ética* sería correlativa de una determinada *Moral.* Pero otra cosa distinta es pensar que *el mismo problema moral puede ser abordado desde distintas posiciones éticas.* Entonces las distintas posiciones éticas ya no tienen que ver con que se trate de distintas cuestiones morales, o de un distinto ordenamiento moral. Es el mismo problema moral abordado desde posiciones distintas, en donde las *Éticas* tienen que ver ya con distintos posicionamientos, cuyas diferencias pronto vamos a examinar.

— Por ejemplo, en la Moral sería definir qué está bien y qué está mal, y en la Ética que hago yo con este bien y ese mal...?

A ver, por ejemplo, tomando esto que decís desde la perspectiva de *qué es lo que está bien* y *qué es lo que está mal*, desde cierto posicionamiento ético se fundamenta y convalida que *lo que está bien* queda de este lado de la línea, y *lo que está mal* queda del otro lado. Pero resulta que desde otra posición ética podría objetarse ese ordenamiento, por considerar que hay motivos para fundamentar que determinada acción que se incluía del lado del *Bien*, puede producir sin embargo ciertos efectos no deseados en perjuicio de alguien, que a todas luces la ubican del lado del *Mal*.

Hay un relato de Italo Calvino, *El vizconde demediado* (1952), que ilustra de manera fantástica las paradojas y los límites propios del *Bien*, del amor al prójimo, de la bondad y otras cosas por el estilo. La situación que allí se plantea es francamente absurda, pero justamente por eso permite llevar al extremo todas esas cuestiones. Se trata de un gentilhombre, el *Vizconde Medardo de Terralba*, quien alistado en el ejército cristiano en una batalla librada en el Siglo VII contra los turcos, es alcanzado en el primer día de la contienda por una bala de cañón, con el increíble resultado de partirlo exactamente en dos mitades; cada una de las cuales, en el desorden general de la refriega, logra sobrevivir autónomamente: los doctores militares salvan a *Gramo* —el malo— suturándolo a la mitad, regresando éste a *Terralba*, mientras que un grupo de ermitaños encuentran a *Buono* —el bueno— en medio de una pila de cuerpos y también lo curan y lo ayudan a recuperarse. Después de un largo peregrinaje, *Buono* también regresa a casa. Ahora hay dos vizcondes en *Terralba*. El primero vive en el castillo, mientras que *Buono* vive en el bosque. Una de esas mitades encarna desde entonces todas las «virtudes» de *Medardo*, todo lo bueno que habitaba en él; quedando concentrado en la otra lo que habitualmente designamos como «*las fuerzas del mal*». El efecto cómico del texto reside en dejar al descubierto el modo en que ambos, en el límite de su acción, terminan produciendo lo contrario de lo esperado.

Cada posición ética desde donde se aborda un mismo sistema moral plantea un ordenamiento distinto, fundamentalmente en relación a estas cuestiones. Por ejemplo, revelando éticamente las inconsistencias o contradicciones de ese ordenamiento moral. Pero ¿a qué responden esos distintos posicionamientos éticos?

— De acuerdo con la subjetividad de cada uno.

No solamente.

— De acuerdo a las normas.

No.

—Relacionándolo con las diferentes teorías o posicionamientos que pueden haber dentro de la psicología, cada uno va a tener o va a considerar una Ética para accionar lo que está bien o lo que está mal, por ejemplo, en una intervención.

—Bueno, podemos pensar concretamente si está bien o está mal planchar con medicamentos a un paciente…

Éste es un buen ejemplo, pues a priori uno podría decir sin vacilaciones que *planchar con medicamentos a un paciente está mal*. Pero en ciertas circunstancias en las que el padecimiento psíquico que experimenta un sujeto resulta tan insoportable que, incluso, se vislumbra que eso mismo lo puede mover a buscar modos violentos de tramitación de ese exceso por la vía de otro exceso, esta vez en el nivel de la acción, que puede lastimar a otro, o puede lastimarse él mismo. Entonces ya no es tan claro si *planchar con medicamentos a un paciente* puede situarse universalmente del lado del mal.

La otra mejilla

Vamos a avanzar un poquito más, así podemos incluir algunas otras herramientas conceptuales que condimentan la cuestión. En relación a la definición y el *objeto* de la *Ética* —también desde una perspectiva clásica—, podría decirse que la *Ética* tiene como objeto los actos que el ser humano realiza de modo libre y consciente. Es decir, aquellos actos sobre los cuales el sujeto ejerce de algún modo un *control racional.* Y no se limita sólo a analizar cómo se realizan esos actos, sino que busca emitir un juicio sobre eso. Juicio que permite determinar si un acto —racional y conciente— ha sido *éticamente correcto*, o no. Este es un punto que nos interesa especialmente.

—¿Eso no es el juicio de valor?

Claro que sí. En relación a la problemática del bien y el mal, vamos a verlo especialmente a partir del abordaje de Jacques Lacan en su seminario de 1959/1960, *La ética del psicoanálisis*, retomando algo que ya Freud introduce en su texto sobre *El malestar en la cultura* (1930). ¿Conocen ese texto de Freud? Es un texto que les recomiendo que vayan leyendo, pues se va a trabajar en profundidad en las próximas clases. Una de las cuestiones que ahí se abordan es precisamente *el imperativo cristiano del amor al prójimo*, algo que Lacan va a retomar justamente en un punto paradojal, parecido al que venimos explorando en el campo del *Acompañamiento Terapéutico* desde el comienzo, en relación a la cuestión de *la amistad*. Paradojal en cuanto a lo que Freud se pregunta: ¿en qué medida se podría sostener ese imperativo? Sostener el imperativo de ofrecer siempre la otra mejilla, por ejemplo: ¿cuánto puede resistir una mejilla, cuántas veces puede ser ofrecida una mejilla para ser golpeada...? Es una hermosa pregunta pragmática que nos podemos hacer: ¿cuánto resiste una mejilla? Podemos plantearlo también en términos de un problema metodológico: uno tiene sólo dos mejillas y cuando ofrece una, y luego la otra, después se tiene que volver a ofrecer la primera, ¿o ahí se termina la cosa de ofrecer *la otra* mejilla?

Caben también otro tipo de preguntas, que son las que en verdad nos interesan. ¿Estamos cultivando *el Bien*, si nos ofrecemos a una descarga sin límites de la violencia del otro? Esa es una pregunta ética. Porque para el otro, eso puede resultar una provocación, exacerbar incluso su violencia. Se dan cuenta de que hay muchas dificultades para sostener ese imperativo en su valor universal de *Bien*. Es un imperativo religioso, pero que deriva en toda una serie de cuestiones de índole moral también. Al punto de llegar a plantear ciertas paradojas en el nivel de lo moral, donde uno podría objetar en determinadas circunstancias si la mejor intervención que uno puede tener es la de ofrecer incondicionalmente la otra mejilla. Es más, son raras las situaciones en las que desde distintos puntos de vista lo mejor que uno podría hacer seria ofrecer la otra mejilla. Es apenas en un pequeño número de situaciones en que eso funciona bien.

Porque además, en la función que eso tiene en todo lo relativo a la configuración del aparato psíquico, el hecho de ofrecer *siempre* la otra mejilla coincide con la imposibilidad de poner un límite, y eso puede tener consecuencias drásticas. Si la subjetividad se configura en el reino de *poner siempre la otra mejilla*, podemos estar en serios problemas, pues vamos a encontrar allí una carencia en el nivel de inscripción de una función esencial para la configuración del aparato psíquico, que es la *función paterna*. La política de ofrecer siempre la otra mejilla, deja afuera esa función estructurante, que en este caso se jugaría en un «... *Ni se te ocurra...!!!*». Cuando decimos ofrecer la otra mejilla, es aquí en el sentido más amplio. La condescendencia, el ceder todo el tiempo al capricho del otro, bueno, hay toda una serie de cosas que se ordenan equívocamente ahí, pero a nivel de lo que significa el ámbito familiar para la configuración del aparato psíquico, las consecuencias de poner siempre la otra mejilla son catastróficas. Un padre, o una madre que siempre ponen la otra mejilla no están ubicados en su lugar. Y aquí es necesario hacer una aclaración muy importante: que cuando hablamos de *función paterna*, esto hay que situarlo en un punto que trasciende la problemática de género, pues situarnos en ese registro —por ejemplo, pensar que estamos sosteniendo con esto una ideología patriarcal— nos puede llevar a confundir el punto de mira, a soslayar instancias esenciales en el devenir de la configuración del aparato psíquico, en el modo en que se producirá esa subjetivación. Deberíamos mejor decir: función *pater*, en el sentido de la marca que oficia de patrón, la instancia que ordena una secuencia. Nos referimos a la inscripción, en el nivel de la realidad psíquica, de la instancia destinada a regular el posicionamiento del sujeto respecto de sus mociones pulsionales, en la perspectiva de las relaciones elementales de parentesco, y a partir de su atravesamiento del *Edipo* y la experiencia normativa de la castración. Es decir, el momento de instalación, en su *«disco rígido»*, del *Superyó* y la *conciencia moral*, tanto como lo que está habilitado a desear. Y por cierto que es una incomodidad cargar con esos *«coockies»* que entorpecen todo el tiempo nuestro pensamiento con sus mañas e imperativos. Pero es una catástrofe mayor cuando por cualquier defecto de transmisión, ese programita no se instaló.

Sobre *bordes y ramas*[5]

Nos interesa detenernos ahora a poner en interrogación los límites de la *Ética*: cómo discriminar su propio campo respecto de otras disciplinas con las que parece compartir ciertos bordes, incluso algunas zonas de intersección. Podemos decir, por ejemplo, que en la medida en que le incumbe el pronunciamiento en términos de *«lo que está bien»* y *«lo que está mal»*, está relacionada con el *Derecho*. Es decir, comparte cierta franja de territorio con el campo del *Derecho* y con el campo de *La ley* propiamente dicho, en cuanto al establecimiento y regulación de las acciones del hombre, y el modo en que se fundamenta tanto la legislación como la aplicación de la ley.

Por otra parte, en tanto se define como una rama de la *Filosofía*, está considerada como una *Ciencia Normativa*, porque se ocupa de las normas de la conducta humana, distinguiéndose de las ciencias formales —como la matemática y la lógica—, y de las ciencias empíricas —como la química y la física. Una de las definiciones de la *Ética* se plantea así: *«principios o pautas de la conducta humana; a menudo, y de forma impropia, llamada moral»*. Y por extensión, al estudio sobre esos principios con frecuencia se lo nombra también como *Filosofía Moral*. Pero no es la misma cosa, ni son éstos sus únicos bordes. Hay también cierta dificultad en la delimitación de su campo y objeto respecto de otras disciplinas que estudian el comportamiento humano, como la *Antropología*, la *Sociología* y la *Psicología*. Entonces, por el lado del estudio de las normativas tenemos esa franja limítrofe con el *Derecho* y *La ley*, y por el lado del estudio del comportamiento humano tenemos esa zona contigua con la *Antropología*, la *Sociología* y la *Psicología*. Por ejemplo, las *Ciencias Sociales* a menudo procuran determinar la relación entre ciertos principios éticos particulares, y cómo se comporta la sociedad en relación a ellos. Son muchas veces motivo de estudio, de investigación, de elaboración de gráficos, de casuísticas y de estadísticas, así como lo es también investigar las condiciones culturales que contribuyen a la formación de esos principios.

Hay una serie de cuestiones que vamos a pasar por alto, para no desviarnos de nuestro punto de interés. En todo caso, a quienes les interese profundizar la historia de la *Ética* pueden hacer allí una importante contribución, empezando por la reflexión filosófica de Platón, que aborda esta problemática de la *Ética* en distintos momentos de su obra y des-

5. Clase dictada el 23 de Junio de 2012, en el marco de la Tecnicatura Universitaria de Acompañamiento Terapéutico, USAL-Rosario, Provincia de Santa Fe (Dirección: Lic. Esther Tocalli).

de contextos distintos, por ejemplo, en el Gorgias, donde entra en confrontación con *el hedonismo* y también con *la ley del más fuerte*: en el primer caso, la *Ética* ordenada en función de la búsqueda del placer, en el segundo, en función de las relaciones de poder. De ahí se desprenden dos ordenamientos absolutamente distintos. En el *Fedón*, Platón evidencia la importancia de *lo que existe tras la muerte* para regular el propio comportamiento[6]. En esto va a tomar el relevo fundamentalmente la religión, las distintas religiones, en donde el modo de pensar lo que viene después de la muerte ordena la conducta del hombre durante la vida. Y no es lo mismo pensar que alguien se muere y ya —y que en todo caso lo que sucede o deje de suceder será juzgado por la historia—, que ordenar su moral y su posicionamiento ético en función de un *«Juicio Final»* que tendría lugar después de la muerte, y en el cual, además, no sólo se pondría en juego aquello que hicimos —a la vista de todo el mundo, o en la intimidad—, sino que se supone también un juicio sobre *lo que pensamos*, aún cuando no llegamos a cometer el pecado —a veces, porque no tuvimos ocasión, pero sí tuvimos la intención, y eso será también juzgado.

Tenemos entonces el castigo en vida, y también el *juicio y castigo* ya en otra instancia, que incluye no sólo lo conocido y acontecido. Una persona que cometió un grave delito puede quedar impune en vida. En la historia de la humanidad no se cuenta con estadísticas, pero uno puede suponer que quizás vayan a la par los crímenes que han quedado impunes y los que han sido sancionados y castigados —muchos de ellos injustamente, además. Pero eso encuentra su límite ahí donde ***sí*** hay una suposición de un *«Juicio Final»* en otra instancia, más allá de la vida,

6. Acerca de la influencia del modo de vida en el destino del alma, Sócrates no se limita a postular una existencia del alma posterior a la muerte, también señala que esta existencia es diferente para cada uno, y depende del modo en el que se ha vivido. Si el alma se ha ejercitado en vida en huir de lo relacionado con el cuerpo, parte pura al reino invisible y divino. Si ha estado constantemente involucrada con él, se vuelve pesada y queda vagando como espectro en torno a monumentos y tumbas. Luego de esto, vuelven a ser prisioneras de cuerpos de especies acordes a su modo de vida: los glotones e intemperantes encarnan en asnos y animales semejantes a este, los injustos y violentos lo hacen en aves rapaces y lobos. Los que han cultivado ciertas virtudes como la templanza y la justicia pero sin la filosofía, terminan perteneciendo a las especies semejantes a ellos, como las abejas y las hormigas, y luego vuelven a ser hombres mesurados. Quien en su vida ha cuidado de su alma y ha filosofado, purificándose, no teniendo en nada las riquezas y honores, quien al conocer ha despreciado los sentidos por ser engañosos, utilizando para saber solo el alma, quien de este modo obra viviendo según la razón, se libera y es digno de pertenecer a la estirpe de los dioses.

en donde además las cámaras ocultas del *Señor* no sólo llegan a la intimidad de nuestra habitación, de nuestro baño, de nuestro living, no sólo están expuestos al conocimiento y a los ojos de *Dios* —aún en la intimidad— todos nuestros actos, sino que también está expuesta la intimidad e intencionalalidad de nuestro pensamiento.

Fíjense que ya en Platón, en un sólo autor, encontramos el despliegue de distintas perspectivas desde dónde se interroga y se ponen en tensión diversos modos de ordenamiento de la *Ética*. Una misma cuestión, abordada por el mismo autor, pero puesta en tensión desde tres perspectivas éticas distintas, desde donde puede abordarse el mismo problema moral.

— *¿Cuáles serían las tres perspectivas?*

Las tres que acabo de nombrar: el *hedonismo*, la *ley del más fuerte* y esto que Platón sitúa en el *Fedón* en relación al juicio que tendría lugar después de la muerte. Si hay un juicio después de la muerte esto supone una vida después de la muerte y, por supuesto, la existencia de *Dios* como la instancia suprema desde donde eso se juzga. Decir *«de Dios»*, en el caso de los griegos, es una adaptación cristiana, en donde hay un forzamiento de transmisión —podría decirse— de la obra de Platón y Aristóteles en particular. Cuando en los capítulos que hemos tomado en relación a la problemática de la amistad Aristóteles habla de *la ley de proporción*, y se pregunta si sería posible para un hombre sostener una amistad con *Dios*, efectivamente, él dice con *un* dios: es decir, con uno de los tantos dioses que hay. No eran monoteístas, ni Platón, ni Aristóteles. No había griegos que lo fueran[7].

---

7. *«...Podemos afirmar con toda seguridad, que no existe sistema alguno en la Filosofía griega que promulgara un Dios único del que depende el universo entero. Es un hecho fácilmente observable, que la «Teología natural griega» nunca pensó eliminar el politeísmo. El pensamiento griego no superó el politeísmo ni siquiera en los colosos Platón y Aristóteles. Otra cosa es que los planteamientos de Platón y Aristóteles hayan aportado elementos muy importantes a la especulación cristiana. Sin embargo, el dios platónico, no elimina los dioses ni el carácter divino del mundo, es uno de tantos dioses y por lo mismo no puede decirse que sea el Dios cristiano. En lo que se refiere a Aristóteles, hay evidencia de que tampoco salió del politeísmo, tal y como lo muestra su testamento en el que pide que la imagen de su madre fuera consagrada a Deméter y que en Estagira, erigieran dos estatuas de mármol que había prometido a los dioses, una a Zeus Sóter y la otra a Atenea Soteira»*. Manuel Ocampo Ponce, *El monoteísmo cristiano frente al helenismo*, en http://www.infocatolica.com/blog/concordia.php/1706300635-el-monoteismo-cristiano-frent#_ftn2

Retomando lo que decíamos sobre los diversos modos de ordenamiento ético en la obra de Platón, él después, en la *República*, aborda justamente la problemática relación entre la *Ética individual* y la *res-pública*, la cosa pública. Es decir, cómo establecer la distinción entre *el bien* y *el mal* en el propio individuo, dentro del alma de cada quien, en su tensa comunión con la *Ética pública*. Observamos allí una compleja teoría del Estado, que encuentra además algunos complementos y puntos de vista diferentes en otras dos obras: *Político* y *Las leyes*. En fin, me interesaba traer estas referencias sobre la obra de Platón, porque resulta ilustrativo acerca de cómo se abre, en su diversidad, el abanico de la *Ética*. Podríamos hacer un vasto recorrido histórico en relación a cómo se van reformulando las distintas cuestiones relativas a la *Ética* en la *Edad Media* fundamentalmente a partir de la obra de *Santo Tomás de Aquino* (1225-1274), y luego en la edad moderna con algunos filósofos muy importantes, entre los que podemos situar a *Baruch Spinoza* (1632-1677) —que es una referencia fuerte en Lacan—, David Hume (1711-1766), Immanuel Kant (1724-1804). Por supuesto, resultan asimismo esenciales las referencias a Nietzsche y su impronta en el pensamiento del siglo XX, en autores tales como Martin Heidegger, Michel Foucault, Jacques Derrida, Gilles Deleuze y Georges Bataille, entre otros. Pero se darán cuenta de que excede lo que nos interesa desarrollar aquí.

Catálogo de Éticas

Lo que sí vale la pena examinar —aunque más no sea mínimamente—, son algunas cuestiones relativas a las *ramas* en que se despliega su campo, entre las que podemos situar, por ejemplo, la *«Meta Ética»*, que trata —entre otras cosas— del problema del *ser* y el *deber-ser*. El problema del *ser* introduce una nueva frontera moebiana, ahora con la *ontología*. Y allí, el *alma* humana, se ubica en el centro de la cuestión.

Podemos agregar una más: la *«Ética Teleológica»*, en la que no está en juego el juicio por el comportamiento, sino por la *finalidad* de ese comportamiento. En donde una mentira puede llegar a ser objetable desde cierto punto de vista ético, pero desde ésta perspectiva, si esa mentira está al servicio de un fin noble, entonces ya se juzga desde otras coordenadas: la atención no está puesta en el acto de mentir, sino en el motivo por el cual se mintió. Así, desde el punto de vista de la *Ética Teleológica* —o lo que se llama también el *«consecuencialismo»*— el *bien moral* puede ser determinado por las consecuencias. Vale decir, la moralidad de una acción depende aquí sólo de sus consecuencias. Si bien no se aplica sólo a las *acciones*, éstas son el ejemplo más prominente. Tres ejemplos: creer que la moralidad se trata sólo de *«generar la mayor cantidad de felicidad posible»*; o de *«aumentar la libertad lo más posible»*; o de *«promover la supervivencia de nuestra especie»* todo lo posible. Cualquiera de estas premisas implican sostener una postura consecuencialista, pues aunque todas estas creencias difieren en cuanto a las consecuencias a las que apuntan, están de acuerdo en que lo que importa son las consecuencias. Entonces lo que interesa es *la búsqueda de la felicidad*, o de *aumentar la libertad*, o de *promover el bienestar*, lo que interesa es el resultado, el acento no está puesto tanto en las acciones que llevan a eso.

En contraposición a esta postura de la *Ética Teleológica*, desde la *«Ética de la virtud*[8]*»* el *bien moral* estará determinado por posiciones relativas al *comportamiento, rasgos de carácter* y *virtudes*: desde esta perspectiva, el desarrollo de la virtud es en cierto sentido instituyente de una *Ética*, en la medida en que *el virtuoso* justamente se caracteriza por pasar a ser referencia de *cómo deben hacerse las cosas*. Un guitarrista virtuoso pasa a ser referencia de cómo debe tocarse la guitarra para que suene bien —tanto como del camino a seguir para alcanzar ese logro. Lo mismo para las distintas virtudes, como cuando un deportista pasa a ser referencia en materia de *«Ética deportiva»* para otros deportistas. Eso, además, en ocaciones pasa a tener fuerza de transformación, en cuanto a que establece una referencia que permite en algunos casos dar contenido a ciertas normativas morales respecto de cómo se deben hacer las cosas para que salgan bien.

Otro de los ordenadores de esas líneas de determinación, puede ser la *intención* del actor, del sujeto que produce esa acción. Hay una diferencia, no es lo mismo situar la interrogación ética o el ordenamiento ético en función de las consecuencias de una acción, que situarlo en la acción misma, o en la intencionalidad del actor. Son distintos momentos lógicos: la intención, la acción y las consecuencias de la acción. Nos refería-

8. La *«Ética de la virtud»* es la corriente de estudio de la moral que parte de que esta surge de rasgos internos de la persona —las virtudes—, en contraposición a la posición de la deontología —la moral surge de reglas— y del consecuencialismo —la moral depende del resultado del acto. La diferencia entre estos tres enfoques de la moral yace más en la forma en que se abordan los dilemas morales que en las conclusiones a las que se llega.
La ética de las virtudes busca explicar la naturaleza de un agente moral como fuerza motriz para el comportamiento ético, en lugar de reglas —deontología— o consecuencialismo, que se deriva como correcto o incorrecto del resultado del acto en sí mismo.

mos al comienzo —a modo de ilustración sobre este punto— a la película *«Sentencia previa»*, en donde se lleva la cosa al extremo de poder juzgar y encarcelar a un delincuente antes de que cometa el delito, incluso antes de que llegue a tener la *intención conciente* de cometer un delito. Porque en esa historia, se llega al punto de anticipar incluso el momento en que al sujeto se le ocurre cometer el crimen que se le imputa. Y si bien se trata de una ficción, lo cierto es que en algunos momentos históricos de la humanidad —por no referirnos a la época actual, en donde las cosas funcionan tan maravillosamente— la sentencia previa estaba a la orden del día.

Hay algunas especificaciones, respecto de ciertas posiciones éticas o de ciertas ramas de la *Ética* como la *«Deontología»* —que pronto vamos a abordar a propósito de la *«Ética Profesional»*—, según la cual existen, en la práctica de ciertas actividades específicas, determinadas acciones que deben ser realizadas y otras que *no* deben ser realizadas. Es decir, hay ciertos deberes u obligaciones que deben ser cumplidos más allá de sus consecuencias. Nosotros conocemos muy bien un triste ejemplo de cuño nacional: la ley de *obediencia debida*. No importa en qué derive ser obediente, hay que ser obediente. Es lo que se ejemplifica en esa antológica escena de la película que mencionábamos al comienzo: *Cuestión de honor*.

— *¿No importa a qué se obedece?*

Depende del contexto. Desde la perspectiva de la *Ética* como *Teoría Normativa*, hay ciertas acciones que deben ser realizadas, y otras que no deben ser realizadas, no importan cuales sean las consecuencias positivas o negativas. Entonces, por ejemplo, si una de esas normativas es ser obediente, hay que ser obediente, no importa en qué circunstancias. Es muy interesante cómo esto se problematiza en *Cuestión de honor*, en donde el *Teniente Daniel Kaffee* (Tom Cruise) acorrala al *Comandante en jefe Nathan R. Jessep* (Jack Nicholson), y lo fuerza a una confesión. Lo lleva a una paradoja, a un callejón sin salida, a un punto en donde el tipo o se reconoce como *impotente*, o se reconoce como *responsable*. Porque en caso de aceptar que allí, en el ejército estadounidense, en Guantánamo —en donde a nadie se le ocurriría desobedecer la orden de un superior—, alguien pudo hacer algo por fuera de su dominio, eso implicaría reconocer su propia impotencia, su falta de autoridad en el ejercicio del mando. Por el contrario, reconocer que fue *él* mismo quien había ordenado el *Código Rojo* a partir del cual fue asesinado uno de sus propios soldados, sería confesar la comisión de un delito. Entonces lo lleva a la encerrona de: o bien aceptar que alguien había burlado su autoridad —que había toda una serie de acciones que se hacían sin tener en cuenta su lugar de mando, que como autoridad había fallado—, o reconocer que había incurrido en un delito, que *él mismo* había ordenado el *Código Rojo*. Teniendo que optar entre reconocerse *impotente* o reconocerse *culpable*, termina confesando el delito, ese es el punto culminante en donde bajo ningún punto de vista el *Comandante en jefe Nathan R. Jessep* puede admitir que en el terreno de su dominio haya habido una desobediencia, que alguien lo haya desobedecido. Reconocerse *impotente*, sería para él insoportable. Podría haber mentido, podría haber dicho *«...Si, la verdad que mi autoridad ahí no funcionó, evidentemente hicieron algo a mis espaldas»*, pero es inadmisible situarse en ese nivel de la cuestión. Y se va viendo cómo se tensa la escena, y hay que reconocer el maravilloso trabajo actoral de Jack Nicholson, cómo va implosionando, cómo se va trasmitiendo en imágenes esa lucha interna entre salvar el pellejo y sostener una posición. No se trata ya de esclarecer si se había matado a alguien o no, y quién es el responsable del crimen, eso pasa a un segundo plano para él. Lo que queda en primer plano es si se habían obedecido o no sus órdenes. En seguida vamos a retomar todo lo relativo a la *Ética normativa*, la *Deontología* y la *Ética profesional*.

Para ir concluyendo este sintético recorrido —por cierto, un tanto enumerativo—, podemos mencionar también la *Bioética*, es una nueva rama de la *Ética*, podría decirse que estudia las controversias morales que son producto de los avances de la biología y de la medicina, por ejemplo, la clonación de seres humanos —en la actualidad, científicamente posible, y éticamente puesta en discusión. Sabemos que desde hace años se pueden clonar animales, ovejas, gatos, entonces es obvio que están los recursos técnicos como para poder clonar también seres humanos. Lo cual introduce toda una serie de cuestiones en el campo de la subjetividad, por ejemplo las relativas a la problemática de la paternidad.

La *Ética aplicada*, por último, es la que se ocupa de estudiar cuestiones morales concretas y controversiales. Por ejemplo, algunos objetos de estudio de la *Ética aplicada* son el aborto, el aborto inducido, la eutanasia, los derechos de los animales. También se incluye aquí la *Ética profesional*, a la que podemos considerar como parte de esta rama en tanto se aplica a examinar cómo establecer un ordenamiento ético dentro del ejercicio de una profesión. Punto que nos interesa particularmente, y que vamos a abordar a continuación.

Pronto vamos a ver también cuál es la novedad que introduce la *Ética freudiana*, a partir de plantear algo nuevo que ya no hace centro en lo relativo a los actos de la consciencia, sino a cómo juzgar todo aquello que queda bajo la órbita de *lo inconsciente*. Y en dónde Freud, además, sostiene que todo el accionar humano está dominado en buena medida por fuerzas psíquicas sobre las que la consciencia no tiene noticias —más que por la vía de las formaciones del inconsciente, y las figuras del *acting-out* y el *pasaje al acto*. Con lo cual ahí ya se plantea un nuevo problema: ¿cuál es esa dimensión ética del inconsciente? Lacan llega a plantear las cosas a su manera —como suele hacer Lacan—, dando vuelta el problema como una media. Él sostiene que el estatuto del inconsciente es esencialmente *ético*. Entonces, pasamos de preguntarnos si puede hablarse de una *Ética de lo inconsciente*, o si en el campo del *Psicoanálisis* debemos situar más bien a la *Ética* como *fundamento*. No nos estamos ocupando del accionar en el nivel de la consciencia, de la acción humana que se lleva a cabo en el supuestamente libre y consciente ejercicio de la acción, sino que al situarnos en el terreno de *lo inconsciente*, partimos de una pregunta acerca de cómo conjugar la *Ética* con *lo inconsciente*. Entonces, lo que Lacan nos va a decir es que *«el estatuto del inconsciente es fundamentalmente ético»*.

Ética y responsabilidad profesional

La *Ética profesional* habría de estar explicitada en los *«Códigos Deontológicos»* que regulan cada actividad profesional, que dicen *«esto se debe hacer y esto no se debe hacer»* en el marco de una determinada profesión[9]. La *Deontología*, decíamos, forma parte de lo que se conoce como *Ética normativa*, y presenta una serie de principios y reglas de cumplimiento obligatorio. Entonces, podría decirse que la *Ética profesional* estudia las normas vinculantes recorridas por la deontología profesional. Sugiere aquello que es *deseable*, se sitúa así en el nivel de una sugerencia. La *Ética* sugiere aquello que es deseable y condena lo que no debe hacerse, mientras que la *Deontología* cuenta en ciertas ocasiones con el

9. Un código deontológico es el conjunto de normas y deberes dirigidos a un colectivo de profesionales para guiar el ejercicio de su profesión desde una perspectiva ética. Por tanto, en un documento de esta índole no se hace referencia necesariamente a como son los hechos de las cosas, sino a como debieran ser, a cuáles son los valores que deben alumbrar la práctica diaria. No se trata ahora de establecer cuál es la mejor técnica o como funciona tal o cual material, se trata de definir lo que está bien o lo que está mal, aquél comportamiento que es el más correcto en determinada actividad profesional.

suficiente poder que le brindan las herramientas administrativas para garantizar que una profesión se ejerza de manera ética. Entonces, una cosa es esa suerte de *«sugerencia»* que parte de la *Ética*, y otra cosa es lo que tiene que ver con una reglamentación de las prácticas, la reglamentación formal. Que puede apoyarse, por supuesto, en determinados *principio éticos*, como decíamos con respecto a nuestra *Ley de Salud Mental*, o privilegiar otras cuestiones, por ejemplo, cuestiones administrativas que muchas veces van a contramano de la *Ética profesional*. Y que en ocasiones pueden llegar a tener fuerza de ley.

—Y donde existiría también lo que sería la sanción...

Claro, por ejemplo en aquellas profesiones que cuentan con su propia colegiatura, si no se cumple con las disposiciones enumeradas en su código deontológico, el profesional puede ser amonestado, y hasta puede ser sancionado con la invalidación de su matrícula profesional. Una de las cosas que vale la pena resaltar aquí es que, a diferencia de la *Deontología*, la *Ética* no es coactiva. Es decir, que no se propone imponer sanciones legales o normativas. No obstante, a mi gusto esto es, en algún punto, cuestionable. A veces hay sanciones que parten de un marco referencial sostenido en cierta posición ética; sanciones que terminan siendo coactivas, y terminan con la marginación de alguien respecto de un determinado grupo o una determinada comunidad profesional. Alguien a quien, por ejemplo, no se lo sanciona con la cárcel o con algún otro castigo, pero si se lo sanciona con el silencio, con la indiferencia, sin expulsarlo, pero aislándolo dentro del grupo, lo cual termina con su destierro. El caso de Ferenczi es un buen ejemplo de ello, en los albores del *Psicoanálisis*. Es decir, toma la forma de una condena social: el sujeto sigue estando ahí, permanece en la comunidad, no es encarcelado, no es desterrado, pero es un paria dentro de su propia tierra. En ese sentido uno podría decir que es cuestionable esto de que la *Ética* no pueda tener un carácter coactivo, sin buscarlo.

Como decía, la *Deontología* forma parte de lo que se conoce como *Ética normativa* y presenta una serie de principios y reglas de cumplimiento obligatorio. Podría decirse entonces que ahí donde la *Ética* sugiere aquello que es deseable, la *Deontología* cuenta además con las herramientas administrativas para garantizar que la profesión se ejerza de manera ética. La *Ética periodística*, por ejemplo —algo que en el mundo parecería escasear bastante— condena que un periodista reciba dinero para publicar una noticia tendenciosa, para beneficiar o perjudicar a una determinada persona, organización o empresa. Es un buen ejemplo, habida cuenta de lo ocurrido en nuestro país hace ya unos años, cuando se empezó a poner en consideración la *Ley de medios*, y puede verse que aún el tema está planteado cada vez más como una batalla descarnada. Antes me preguntaban por las dificultades para llevar a cabo y para instrumentar la *Ley de Salud Mental*, no es nada en comparación con las fuerzas de oposición planteadas en función de la instrumentación de la *Ley de medios*. O por lo menos, se puede establecer un paralelo interesante, y al día de hoy no sabemos cómo ni cuando termina esa batalla todavía. En el caso de la *Ley de medios*, es muy difícil situar cómo está operando la *Ética periodística* ahí. O qué periodista puede sustraerse de alguna implicación en relación a la posición que toma. Les propongo remitirnos ahora a una situación muy particular que si bien se trata de una ficción, nos va a permitir desplegar el tema en mayor profundidad.

El encuentro de *Copenhague*

Quería compartir con ustedes un fragmento de una obra de teatro que nos permitirá problematizar algunas cuestiones muy importantes respecto de la *Ética* y la *Responsabilidad Profesional*. La obra, publicada en 1998 por el autor británico Michael Frayn, se titula *Copenhague*[10], y gira en torno a un encuentro acontecido entre los dos científicos —uno danés, el otro alemán— que iniciaron y llevaron adelante las investigaciones que derivaron en la construcción de la bomba atómica: Niels Bohr (1885-1962) y Werner Heisenberg (1901-1976)[11]. Desde el inicio, vemos desplegarse en su trama el apremio y las vicisitudes de dos de los físicos

10. El estreno en Latinoamérica tuvo lugar en Buenos Aires, el 12 de abril de 2002 en el *Teatro Municipal General San Martín* con la dirección de Carlos Gandolfo y la actuación de Juan Carlos Gené, Alberto Segado y Alicia Verdaxagar. Se mantuvo cuatro años consecutivos en cartel a sala llena, y es considerado uno de los grandes éxitos de la historia de ese teatro. Se encontrará un más amplio desarrollo sobre el tema en Pulice, G.; Manson, F. Zelis, O., *Investigar la subjetividad*, Buenos Aires, Letra Viva, 2007.
11. Bohr fue un eminente físico danés que se especializó en física teórica y mecánica cuántica. Recibió el premio Nobel de física en 1922 por la elaboración del modelo atómico que lleva su nombre «el modelo atómico de Bohr». Por su parte, Heisenberg fue uno de los creadores de la mecánica cuántica a cuyo desarrollo contribuyó con sus estudios sobre la mecánica de matrices. Estableció el «principio de indeterminación» que lleva su nombre, referido a la imposibilidad de conocer, simultáneamente y con precisión, la posición y el impulso de una partícula.

más importantes de la primera mitad del siglo pasado, ante las presiones o requerimientos del *Estado* o del *Poder Político* respecto del cual se hallan *«subordinados»* sus respectivos trabajos: Heisenberg quedó a cargo de los programas de investigación sobre *fisión nuclear* en la Alemania nazi, y su antiguo maestro Niels Bohr, por su parte, padeció la ocupación alemana en Dinamarca, pasando luego a colaborar con los aliados en los desarrollos teóricos y técnicos que llevaron a a la construcción de la bomba atómica, finalmente arrojada sobre las ciudades japonesas de Iroshima y Nagasaki. ¿Para qué fue Heisenberg a Copenhague, en medio de la guerra, a visitar a su maestro?

Hay una pregunta fundamentalmente ética en *Copenhague*, correlativa de la interrogación en la que al finalizar la guerra el mismo Heisenberg se vio llevado a profundizar, en la medida en que sus decisiones *científicas* lo obligan a revisar la implicación que, en tanto sujeto, se pone inevitablemente en juego para todo investigador[12]. El texto, de este modo, abre el debate sobre la ***responsabilidad*** del científico / investigador respecto de su acto, vale decir, su ***implicación*** con los efectos que pueden producirse como fruto de su trabajo, rompiendo con aquella ingenua idea de la *neutralidad* y el carácter supuestamente inofensivo de la indagación teórica. Un breve diálogo inicial entre Bohr y su esposa Margarita, reaniman el intento por develar los motivos de esa enigmática visita:

MARGARITA *¿Pero, por qué vino a Copenhague?*

BOHR *Mi amor, ¿acaso importa? ¿Cuántos años hace que hemos muerto los tres?*

MARGARITA *Algunas preguntas perduran mucho tiempo después de muertos sus dueños. Como fantasmas buscan las respuestas que nunca encontraron en vida.*

BOHR *Algunas preguntas no encuentran sus respuestas.*

MARGARITA *¿Por qué vino? ¿Qué es lo que trataba de decirte?*

BOHR *En el fondo creo que era muy sencillo: quería charlar.*

MARGARITA *¿Charlar? ¿Con el enemigo? ¿En medio de la guerra?*

BOHR *Margarita, mi amor, no éramos enemigos.*

MARGARITA *¡Estamos hablando de 1941!*

BOHR *Heisenberg era nuestro amigo.*

MARGARITA *Heisenberg era alemán. Nosotros éramos daneses. Los*

12. Heisemberg, W.; *La imagen de la Naturaleza en la física actual*, Buenos Aires, Planeta Agostini, 1993.

alemanes habían ocupado nuestro país. Nunca te vi tan enojado con alguien como esa noche con Heisenberg.

BOHR *No te quiero contradecir, pero creo que me mantuve increíblemente tranquilo. Para él era tan difícil como para nosotros.*

MARGARITA *Por eso mismo, ¿Por qué lo hizo? Ahora no le hacemos daño a nadie, no traicionamos a nadie.*

HEISENBERG *Ya estamos todos muertos, es cierto. Y el mundo se acuerda de mí sólo por dos cosas: por el principio de incertidumbre y por mi misteriosa visita a Niels Bohr en Copenhague en 1941. Todos entienden de qué se trata la incertidumbre. O eso creen. Nadie entiende por qué fui a Copenhague. Lo he explicado una y otra vez. A Bohr mismo, y a Margarita. A los interrogadores, a los oficiales de inteligencia, a periodistas, historiadores. Cuanto más lo explicaba más incierto resultaba. Bueno, con mucho gusto haré un nuevo intento. Ahora que ya estamos muertos y no le hacemos daño a nadie, y no traicionamos a nadie.*

A partir de entonces, se pone rápidamente en escena un verdadero dilema moral y ético, en una espiralada ficción de encuentros y desencuentros en los que cada personaje va sentando su posición de tal forma que, en un final tan paradójico como inesperado, es el propio espectador quien quedará atravesado por la complejidad de lo que allí se plantea: de un lado, la acusación de Niels Bohr hacia Heisenberg —con la que el público de entrada se solidariza—, por haber puesto a trabajar su saber en favor de los nazis; del otro, el descargo de éste a partir de revelar que su única intención era ganar tiempo para evitar el desastre que la bomba atómica produciría, poniendo además de relieve el hecho histórico de que, en última instancia, fueron justamente aquellos con quienes Bohr colaboró los que, en nombre del *«bien de la humanidad»*, hicieron realidad el horror por ambos temido. Hay un pasaje del primer acto que resulta crucial para lo que intentamos ilustrar, en el que la apelación de Heisenberg frente a Bohr nos va llevando a una nueva perspectiva desde la cual se acentúan las implicancias éticas y la responsabilidad en juego tanto para los científicos alemanes como para los *«aliados»*:

HEISENBERG *Lo que quiero es que escuche atentamente lo que voy a decirle ahora y que no salga disparado como un loco por la calle.*

BOHR *Muy bien. Acá estoy caminando muy lenta y papalmente. Y escucho atentamente mientras me dice que...*

HEISENBERG *Que las armas nucleares requerirán un enorme esfuerzo técnico.*

BOHR *Cierto.*
HEISENBERG *Que demandarán enormes recursos.*
BOHR *Recursos enormes. Cierto.*
HEISENBERG *Que antes o después, los gobiernos tendrán que preguntarles a los científicos si vale la pena comprometer esos recursos; si existe la esperanza de producir esas armas a tiempo para que ellos las usen.*
BOHR *Por supuesto, pero...*
HEISENBERG *Espere. Tendrán que venir a usted y a mí. Nosotros somos los que tendremos que aconsejarles si vale la pena seguir adelante o no. Al final de cuentas la decisión estará en nuestras manos, nos guste o no.*
BOHR *¿Y eso es lo que quiere decirme?*
HEISENBERG *Eso es lo que quiero decirle.*
BOHR *¿Es por eso que le ha costado tanto llegar hasta aquí? ¿Por eso tiró por la borda casi veinte años de amistad? ¿Simplemente para decirme eso?*
HEISENBERG *Simplemente para decirle eso.*
BOHR *¡Pero, Heisenberg, esto es más misterioso todavía! ¿Para qué me lo cuenta? ¿Qué quiere que haga? ¡El gobierno de ocupación de Dinamarca no va a venir a preguntarme si deberíamos producir armas nucleares!*
HEISENBERG *¡No, pero tarde o temprano, si logro permanecer a cargo del programa, el gobierno alemán va a preguntármelo a mí! ¡Me preguntarán a mí si continuamos o no! ¡Yo tendré que decidir qué responderles!*
BOHR *Entonces tiene una salida fácil a sus problemas. Sencillamente cuénteles la verdad que me acaba de contar a mí. Les dice que es muy difícil. Y quizás se desanimen. Quizás pierdan interés.*
HEISENBERG *Pero, Bohr, ¿A dónde lleva eso? ¿Cuáles serán las consecuencias si logramos fracasar?*

Fíjense la profundidad del planteamiento de Heisenberg, en la paradoja de que tanto en el éxito como en el fracaso, hay una responsabilidad de la que tanto él como su interlocutor no se pueden desentender. Observamos, de paso, que estamos ahora situados en tiempo y espacio en el momento mismo del encuentro, siendo estas idas y vueltas en la temporalidad y los súbitos cambios de escenario un interesante recurso que va llevando al espectador a captar en toda su magnitud la complejidad del problema.

HEISENBERG *Leí en un diario de Estocolmo que los americanos están trabajando sobre una bomba atómica.*

BOHR *Ah, era eso. Era eso. Ahora entiendo todo. ¿Usted cree que estoy en contacto con los americanos?*

HEISENBERG *Puede ser. Es posible. Si hay alguien en la Europa ocupada que está en contacto, tiene que ser usted.*

BOHR *Así que,* ***sí*** *quiere saber sobre el programa nuclear de los aliados.*

HEISENBERG *Simplemente quiero saber si existe uno. Una pista. ¡Un indicio! Acabo de traicionar a mi país y arriesgar mi vida para advertirle de la existencia de un programa alemán.*

BOHR *¿Y ahora yo tengo que devolverle el cumplido?*

HEISENBERG *¡Bohr, tengo que saberlo! ¡Yo soy el que tiene que decidir! Si los aliados están fabricando una bomba, ¿qué estoy eligiendo para mi país? Sería fácil equivocarse y pensar que porque el país de uno es culpable, uno lo ama menos. Nací en Alemania. Es donde me convertí en quien soy. Alemania es todas las caras de mi infancia, todas las manos que me levantaron cuando me caí, todas las voces que me dieron aliento y me señalaron el camino, todos los corazones que le hablan a mi corazón. Alemania es mi madre viuda y mi hermano imposible. Es mi mujer. Alemania es nuestros hijos. ¡Tengo que saber qué estoy decidiendo para ellos! ¿Es otra derrota? ¿Otra pesadilla como la pesadilla en la que me crié? Bohr, mi infancia en Munich terminó en medio de la anarquía y la guerra civil. ¿Van a pasar hambre más niños como nosotros lo pasamos? ¿Van a tener que pasarse las noches de invierno, como yo cuando iba a la escuela, arrastrándose a través de las líneas enemigas, en la oscuridad, para buscar entre la nieve comida para mi familia? ¿Van a pasarse toda una noche, como lo hice yo a los diecisiete, con un fusil en la mano, hablando y hablando con un prisionero aterrorizado que iban a ejecutar en la mañana?*

En su argumentación, Heisenberg va desgranando diversos elementos que lejos están de poder catalogarse en términos científicos: «*...las caras de mi infancia, todas las manos que me levantaron cuando me caí, todas las voces que me dieron aliento...*», representan sin embargo para él una línea de fuerza de máxima potencia a la hora de sopesar esas decisiones que, en tanto científico y funcionario público, se verá en la obligación de tomar, porque si los aliados están construyendo una bomba atómica y él retrasa la construcción, ¿qué decisión está tomando para su país? Respecto de la culpabilidad, se refiere a la primera guerra mundial, recuerden que había nacido en 1901. Es decir que en 1914, Heisenberg tiene trece años, y en 1917 —cuando termina la guerra— tiene apenas dieciseis. Por el contrario, veremos cómo su querido amigo Bohr se esfuerza en sostener, desde el primer momento, cierta supuesta ingenuidad, solidaria de la idea de *«neutralidad científica»*:

BOHR *Pero, mi querido Heisenberg, no tengo nada para decirle. No tengo idea de si hay un programa nuclear aliado.*

HEISENBERG *Se está poniendo en marcha mientras usted y yo estamos hablando. Y puede ser que esté eligiendo algo peor que la derrota. Porque la bomba que están construyendo es para ser usada contra nosotros. La noche de Hiroshima Oppenheimer dijo que era lo único que lamentaba. Que no habían fabricado la bomba a tiempo para ser usada sobre Alemania.*

BOHR *Se atormento mucho después.*

HEISENBERG *Después, sí. Por lo menos nosotros nos atormentamos antes. ¿Acaso uno sólo de ellos se detuvo a pensar por un instante qué estaban haciendo? ¿Lo hizo Oppenheimer o alguno de sus colegas? ¿Lo hizo Einstein cuando le escribió a Roosvelt en 1939 urgiéndolo a financiar una investigación sobre la bomba? ¿Lo hizo usted cuando escapó de Copenhague dos años más tarde y se unió al equipo de Los Alamos?*

BOHR *¡Mi querido, mi buen Heisenberg, no le estábamos suministrando la bomba a Hitler!*

HEISENBERG *Tampoco la estaban dejando caer sobre la cabeza de Hitler. La estaban arrojando sobre viejos en la calle, sobre madres con sus hijos. Y si la hubieran fabricado a tiempo hubiera sido sobre mis compatriotas. Mi mujer. Mis hijos. Esa era la intención, ¿sí?*

BOHR *Esa era la intención.*

HEISENBERG *No tenían la menor idea de qué es lo que pasa cuando se tira una bomba sobre una ciudad. Ni siquiera una bomba convencional. Ninguno de ustedes lo había padecido. Ni uno solo. Me fui caminando una noche desde el centro de Berlín a los suburbios, después de uno de los grandes bombardeos. Toda la ciudad en llamas. Hasta los charcos en las calles están ardiendo. Son charcos de fósforo derretido. Se pega a los zapatos como una caca de perro incandescente. Me lo tengo que sacar constantemente, como si las calles hubiesen sido ensuciadas por una jauría del infierno. Se hubiese reído, mis zapatos estallaban en llamas todo el tiempo. A mi alrededor, supongo, hay miles de personas muriendo quemadas. Y lo único que puedo pensar es: «¿cómo voy a conseguir otro par de zapatos en tiempos como éstos?».*

BOHR *Usted sabe por qué los científicos aliados trabajaron en la bomba.*

HEISENBERG *Por supuesto. Por miedo.*

BOHR *El mismo miedo que los consumía a ustedes. Porque ellos tenían miedo de que* ustedes *estuvieran trabajando en ella.*

Veremos a partir de aquí como la «*inocencia*» de Bohr resulta cada vez más difícil de admitir, en la medida en que Heisemberg va dejando al desnudo la inconsistencia de su posición al señalarle, una por una, sus propias contradicciones.

HEISENBERG *¡Pero, Bohr, usted podría haberles dicho!*

BOHR *¿Decirles qué?*

HEISENBERG *¡Lo que yo le dije en 1941! ¡Que la elección estaba en nuestras manos! ¡En las mías, en las de Oppenheimer! ¡Que si yo puedo decirles la sencilla verdad cuando me lo pregunten, la desalentadora verdad, él también puede!*

BOHR *¿Esto es lo que quiere de mí? ¿No que le cuente qué están haciendo los americanos sino que los detenga?*

HEISENBERG *Que les diga que podemos detenerlo juntos (…) Yo me rehusé a creer lo de Hiroshima (…) Cuando el mayor Rittner nos lo contó, yo me rehusé a creerlo, hasta que lo escuché con mis propios oídos en el noticiero de las nueve. No teníamos ni idea de lo avanzado que estaban. No puedo describir como nos afectó. Nos quedamos despiertos esa noche, hablando, tratando de entender. Estamos todos literalmente estupefactos.*

MARGARITA *¿Por que lo hicieron ellos? ¿O por qué no lo habían hecho ustedes?*

HEISENBERG *Las dos cosas. Las dos. Otto Hahn quiere quitarse la vida porque él descubrió la fisión, y ve la sangre en sus manos. Gerlach, nuestro viejo coordinador nazi, también quiere morir, porque sus manos están tan vergonzosamente limpias. Pero ustedes lo hicieron. Construyeron la bomba.*

BOHR *Sí.*

HEISENBERG *Y la usaron sobre un blanco humano.*

BOHR *Sobre un blanco humano.*

MARGARITA *¿No querrá sugerir que Niels hizo algo malo por haber trabajado en Los Alamos?*

HEISENBERG *Por supuesto que no. Bohr nunca hizo nada malo en su vida.*

A esta altura, esta afirmación de Heisenberg sobre su amigo nos resulta más bien piadosa, dando a entender que si en algo participó de los horrores derivados de la fabricación de la bomba, habría sido con las mejores intenciones. Pocas veces resulta tan atinado como aquí aquel proverbio que reza: *«de buenas intenciones está empedrado el camino del infierno»*. La indulgencia de Heisenberg, sin embargo, al encontrarse con el abroquelamiento de Bohr en su posición, va dejando lugar a una indagación cada vez más punzante:

MARGARITA *La decisión la habían tomado mucho antes de que llegara Niels. La bomba la iban a construir estuviera o no estuviera él.*

BOHR *De todos modos mi contribución fue muy pequeña.*

HEISENBERG *Oppenheimer contó que era el padre confesor del equipo.*

BOHR *Parece ser mi rol en la vida.*

HEISENBERG *Dijo que la suya fue una contribución importante.*

BOHR *En lo espiritual quizás, no en lo práctico.*

HEISENBERG *Fermi dice que fue usted quien resolvió como detonar la bomba de Nagasaki.*

BOHR *Propuse una idea.*

MARGARITA *¿No querrá insinuar que hay algo que Niels deba explicar o defender?*

HEISENBERG *Nunca nadie le pidió que explicara o defendiera nada. Es un hombre profundamente bueno.*

BOHR *No se trata de mi bondad. Me ahorraron tener que tomar la decisión.*

HEISENBERG *Sí, y a mi no. Con lo cual me pasé los últimos treinta años de mi vida dando explicaciones y defendiéndome. Cuando fui a Estados Unidos, en 1949, muchos físicos ni siquiera me querían dar la mano. Las mismas manos que habían construido la bomba no querían tocar la mía.*

MARGARITA *Déjeme decirle que si cree que me está aclarando la situación ahora, se equivoca.*

Llegaremos hasta aquí con el texto de Michael Frayn, que —más allá de la dificultad que pueda plantearse para discriminar lo propiamente *histórico*, de lo *ficcional* de ese encuentro— devela la puesta en juego de toda una serie de conflictos que francamente exceden el terreno de la física, para pasar a situarse en la esfera de la *subjetividad*. Lo que podemos vislumbrar, a partir de los planteos de Heisenberg, es que *no hay Ética sin implicación*. En el momento de tomar una decisión, o de suscribir a una determinada posición *Ética*, hay una apuesta en juego, apuesta que implica inevitablemente al sujeto. Es lo que vamos a desarrollar a continuación.

La *Ética* en el *Acompañamiento Terapéutico*[13]

Como les decía al comienzo, me llevó mucho tiempo llegar a hacerme alguna idea sobre estas cuestiones, yo fui criado —«*criado*» universitariamente, ¿no?, porque no es que se hablara de *Ética* en mi casa durante mi infancia, me refiero al momento en que uno se encuentra con esta palabra, en sus estudios secundarios, en sus estudios universitarios fundamentalmente— fui criado en la oposición —particularmente en la *Facultad de Psicología*, en la *Universidad de Buenos Aires*—, en esa tan marcada oposición que se planteaba por entonces entre la *Ética Aristotélica* y la *Ética del Deseo*, tal como la propusiera Lacan en su seminario de 1959 / 1960, que lleva por título *La ética del psicoanálisis*.

Hay algo que resulta necesario revisar, pues diría que si Aristóteles se levantara de su tumba y llegara a escuchar las cosas que se dicen, que se hacen en nombre de la *Ética Aristotélica*, pobre, creo que no le alcanzaría lugar adonde volver a morirse. Digo esto porque entendemos como Aristotélica la «*Ética de Bienes*», situada como la generalización de aquello que se entiende como *un bien para todo sujeto*, y eso ha tomado una forma muy particular en nuestra época, en la cultura de la globalización, en donde los bienes que nos permitirían acceder a la felicidad —eso es lo que se nos muestra todo el tiempo— son los televisores LED, las cirugías estéticas tal como lo señalaba hace unos años en el Congreso de Querétaro una colega en relación a esos ideales de belleza que han llegado a generar algo que bien podríamos situar como *pautas de belleza*, ¿no? Una suerte de belleza pautada, regulada por la economía de consumo. En aquella ocasión, esta colega decía que los quirófanos de esas *Clínicas de Belleza* son como fábricas de las que salen rostros todos iguales, las mujeres y los varones que pasan por esos lugares salen de algún modo con la marca de la fábrica...

Cuando uno revisa el texto de Aristóteles sobre la *Ética* —el más importante es a mi gusto su *Ética a Nicómaco*— encontramos que, efectivamente, él sitúa allí a ***la felicidad*** como ese bien al que todo sujeto habría de aspirar, como bien supremo: el encuentro con la felicidad. Lo

---

13. El desarrollo que sigue a continuación proviene de la Conferencia dictada en el marco del *5° Congreso Internacional, 6° Iberoamericano y 1er. Congreso Mexicano de Acompañamiento Terapéutico*, realizado en la ciudad de Querétaro (México) en 2010. Publicado en formato digital en las *Memorias* de dicho evento, y disponible on-line bajo el título: *La ética en el Acompañamiento Terapéutico*. Algunos pasajes de esa ponencia fueron abordados en Pulice, G.; *Fundamentos clínicos del Acompañamiento Terapéutico*, Buenos Aires, Letra Viva, 2016. Capítulo III.

que difiere, respecto del sentido que esto ha tomado posteriormente, es que los bienes de los que habla Aristóteles no tienen nada que ver con los televisores, con las licuadoras, con los autos, ni con los destinos turísticos. En ese camino —el que, según Aristóteles, conduce a un sujeto al encuentro con la felicidad—, él ubica una serie de *virtudes* entre las cuales hoy sólo voy a situar dos, que conciernen especialmente a lo que nos interesa aquí. La primera de esas virtudes que quería destacar es ***la buena conversación***. Fíjense que *la buena conversación*, en Aristóteles, no tiene que ver con el arte de hablar, con tener buena dicción, inventiva, y amplitud de vocabulario para pronunciar un discurso de manera convincente, o narrar una historia maravillosa... Nada de eso. La buena conversación implica esencialmente ***la disposición del sujeto a escuchar al otro***. En el camino hacia la felicidad, Aristóteles sitúa la disposición que un sujeto pueda tener a hablar, sí, pero también, y fundamentalmente, a escuchar a aquél con quien se está platicando, a su interlocutor.

Por otra parte, en ese libro dedicado a Nicómaco —su padre— los dos últimos peldaños hacia la felicidad, los dos últimos capítulos, los dedica por completo a la cuestión de ***la amistad***. Él sostiene allí que no hay bien más importante, no hay ningún otro bien que cualquier hombre pueda tener, del que se pudiera disfrutar *sin amigos*. En este sentido, me es muy grato destacar la satisfacción que produce observar la disposición al debate, el gusto por la conversación y también el clima de amistad en que nos encontramos trabajando junto a tantos colegas vinculados al campo de la Salud Mental, el Psicoanálisis y el Acompañamiento Terapéutico, desde hace tantos años. Y fíjense que, en ese sentido, bien podríamos decir que estamos en sintonía con la *Ética* tal como la entendía Aristóteles.

En cuanto a la *«Ética del deseo»* —reintroduciendo esa oposición que les mencionaba anteriormente— enseguida voy a retomarlo para situar dos distintas vertientes que quería establecer respecto de lo que nos interesa en nuestro trabajo clínico, en sus implicancias éticas. Pero antes, quisiera detenerme unos instantes a examinar un poquito más este término, a qué nos referimos cuando hablamos de *Ética*.

En primer lugar, una forma simple de aproximarnos a su significación surge a partir de situar que la *Ética* tiene que ver con *el modo en que se hacen las cosas*, la manera en que hacemos las cosas. Pero ¿qué es lo que ordena nuestro modo de hacer las cosas? Puesto que no es que hagamos las cosas de cualquier manera, sino que depende de *qué* sea *aquello que ordena nuestro modo de hacer las cosas*, para ver cómo resultaran esas cosas que hacemos. Este es el punto que me interesa destacar, porque ahí, cuando decidimos *qué privilegiar* como ordenador de las cosas que hacemos, el acento lo pongo justamente en la implicación subjetiva que allí está en juego. Es decir, hay una implicación subjetiva cardinal que se juega precisamente en el momento en que ***decidimos*** qué es lo que ordena el modo en que hacemos las cosas.

No hay *Ética* sin implicación.

En ese sentido, podemos decir que a partir de ello también decidimos qué apuestas estamos dispuestos a sostener. Porque cuando elegimos qué privilegiar en nuestro modo de hacer las cosas, ahí hay una apuesta en juego. Apuesta que puede poner en el centro de la escena la búsqueda de una satisfacción inmediata, por ejemplo la de ganar dinero con nuestra profesión. Todos quienes estamos aquí tenemos algún interés puesto en eso, ¿no?, dado que no es tan sencillo contar con un mecenas que nos permita desentendernos de ese asunto, y en caso de tenerlo, quedaríamos situados en cierta posición desde la cual sería bastante complicado ejercer nuestra función en tanto analistas o acompañantes terapéuticos. El problema no es ese, el problema no es que un profesional quiera ganar dinero. Al contrario, sería problemático aquel que reniegue de eso, pues habría que pensar tal posicionamiento también como algo ciertamente sintomático. Lo problemático es, en verdad, cuando ese factor pasa a ser determinante a la hora de tomar decisiones relativas a la dirección de la cura o al ordenamiento de estrategias de intervención, cuando esas decisiones quedan capturadas meramente en una lógica de mercado.

A veces, privilegiar qué es lo que ponemos en el centro de la escena como ordenador de nuestro modo de hacer las cosas, puede implicar una apuesta que no tiene los resultados garantizados. Que nos lleva a aventurarnos tras resultados inciertos, en un camino muy trabajoso, incluso hostil, pero que, cuando esa decisión fue tomada a partir de la convicción que se nos presentó frente a la necesidad de intervenir en ciertas circunstancias relativas al padecimiento psíquico de cada uno de los sujetos que tratamos, podemos decir que aunque no están los resultados garantizados, encontramos cierta satisfacción ya al intentar avanzar en ese camino. Digo esto porque, como les anunciaba recién, me interesa situar dos vertientes en relación a cómo pensar la implicancia ética de nuestro trabajo.

La primera, está referida a las dificultades que se nos presentan en la Argentina, en Brasil, en México, y en general en todos los lugares en los que se viene desarrollando esta práctica. Por diversos motivos, el contexto desde el que somos convocados a intervenir como profesionales de la *Salud Mental* raramente está dado de tal manera que se nos faciliten demasiado las cosas. Me remito a mi experiencia personal, desde fines de la década del ´80. En el momento en que empecé a tener mis primeras experiencias como acompañante terapéutico —lo cual fue para mi una de las puertas de entrada a mi carrera profesional antes de graduarme en la *Facultad de Psicología*— el contexto en el que se llevaba a cabo nuestra actividad era de lo más precario e inconsistente. No sólo se carecía de un marco regulatorio que diera una inscripción formal a nuestro trabajo, sino que tampoco había ninguna instancia académica jerarquizada de capacitación, apenas si se contaba con alguna bibliografía que intentaba delimitar la figura del acompañante —por cierto desde una posición clínica muy particular—, pero que estaba lejos de orientarnos acerca de cómo pensar la especificidad de la función, cómo discriminar las demandas a partir de las cuales se convocaba el trabajo de los acompañantes. En fin, toda una serie de cuestiones que generaban situaciones de maltrato hacia los acompañantes de cierta gravedad, pero fundamentalmente, de maltrato a los pacientes. ¿Qué hacer frente a eso? En ese momento, con algunos colegas con los que compartíamos esas inquietudes, esas angustias, pero con quienes también compartíamos el habernos encontrado con el gusto por la clínica —que es eso que se experimenta cuando uno empieza a ver los efectos de su trabajo, cuando uno empieza a ver que ciertas intervenciones producen en el sujeto algo que trae como consecuencia cierto bienestar, un *estar mejor*—, empezamos a entender que era necesario hacer algo para revertir esa situación, antes que esperar que alguien lo hiciera por nosotros.

De hecho, esta actividad, el *Acompañamiento Terapéutico*, no hubiera sobrevivido a esas décadas de desamparo en cuanto a su inscripción formal, si no hubiera sido por su eficacia, no hubiera habido una supervivencia y una expansión de esta actividad, de no ser por los resultados observados en la clínica. En ese momento, les decía, nos propusimos con algunos colegas iniciar un recorrido que tuvo como propósito generar alguna transformación de ese contexto tan desfavorable en el que nos tocó desarrollar nuestras primeras experiencias. Lo que quisiera situar es que sin dudas nos encontramos hoy, luego de algunos años, frente a un panorama un tanto distinto, algo que ha sido consecuencia de ciertas decisiones, de ciertas apuestas relativas a la asunción de cierta posición ética.

La otra vertiente que me interesaba tomar, está relacionada con el modo en que —como acompañantes terapéuticos, o como psicoanalistas— nos posicionamos ante *el sujeto en tratamiento*, porque ahí también se juegan decisiones éticas. Se hablaba en cierta ocasión en la Universidad de Londres (Ciudad de México) a propósito de la conferencia de otro colega, quien planteaba algo que después fue objeto de un interesante debate en relación a cierta confrontación que muchas veces se juega en el inicio de un acompañamiento terapéutico: lo que aparece, de entrada, es el planteo de *objetivos de tratamiento*, y en ocasiones, ni siquiera porque lo proponga el equipo tratante, sino que es formulado por la familia, o el mismo paciente. En donde nos encontramos en medio de cierta *«confrontación»* entre esos objetivos que, insisto, no necesariamente es el equipo tratante el que los propone, a menudo son los padres, para quienes el hecho de que el sujeto *sea feliz*, pasa con frecuencia a un segundo plano. Entonces, los objetivos que la familia propone son *«que pueda trabajar»*, o *«que pueda estudiar»*, es decir, que pueda retornar a las vías adaptativas que la sociedad propone para establecer que un sujeto *«está bien»*. Está bien si trabaja, si estudia, si hace las cosas que tiene que hacer. Entonces, de algún modo, eso plantea problemas, porque ¿cómo responder a esa suerte de... no de imposición, pero sí al menos de «sugerencia» —vamos a llamarlo así— de objetivos?

Se decía en esa conversación: *«El dispositivo, de por sí, produce efectos»*. Es lo que señalaba este mismo colega. Sí, produce efectos, pero como veíamos en la exposición que antes referíamos, según cómo esté montado el dispositivo serán muy distintos los efectos que se producen. Evocaba recién el comentario de otra colega, que hacía referencia a algunos dispositivos institucionales abocados a la atención de trastornos alimentarios en donde, por ejemplo, el acompañante terapéutico aparece puesto ahí a custodiar que no se quiten las cadenas de la heladera, o que no se corten los candados... Entonces, sí, el dispositivo produce efectos, pero yo me preguntaba: ¿qué efectos produce en un sujeto cuando se le impone un dispositivo ordenado de esta manera, un dispositivo que está *«dispuesto»* justamente para suprimir todas aquellas conductas que se presentan a los ojos de la familia, a los ojos de los demás, como puras anomalías, como desviaciones, como perturbaciones, y en donde lo único que interesa allí es suprimirlas y reconducir al sujeto a las vías de la normalidad?

Lo difícil de sostener es cómo posicionarse frente a eso que Ch. S. Peirce situaba como *«el encuentro con un hecho sorprendente»*. ¿Qué es un hecho sorprendente? El hecho sorprendente, en Peirce, no es el encuentro con una mera *irregularidad*. Cuando caminamos por un bosque, nos encontramos con que los árboles presentan formas irregulares, pero eso no es en verdad algo que nos sorprenda. Lo sorprendente es para Peirce ***el encuentro con una regularidad inesperada***, por ejemplo, si cuando vamos caminando por el bosque descubrimos de pronto que todos los árboles tienen la misma inclinación. Porque eso nos lleva a preguntarnos por los motivos por los que en *ese* lugar del bosque se ha producido *esa* inclinación de los árboles. Por el contrario, si tomamos a esa *regularidad inesperada* como una mera *irregularidad*, lo que tratamos es de corregirla, enderezar forzadamente esos árboles. Pero es posible inferir que, al cabo de un tiempo, ellos nos sorprenderían con la insistencia de su inclinación.

Sucede algo similar cuando nos encontramos con una *indeseada regularidad* en la conducta de un niño, por ejemplo, que resulta demasiado travieso, o difícil de contener para sus padres. Si a esa conducta la situamos como una *irregularidad*, y la tratamos de normalizar, entonces ¿qué hacemos? La medicamos con Ritalina, tratamos de aplastarla y hacerla desaparecer. Esa es la respuesta que puede haber desde ciertos sectores del campo de la *Salud Mental*, afectados a la industria psicofarmacológica.[14] Pero hay un pequeño problema con las regularidades inesperadas. Una *regularidad inesperada* es, por ejemplo, el encuentro que tiene Freud con el inconciente, y una de las definiciones con las que él lo caracteriza es que el inconciente no resiste, sino que insiste. Como decía, entonces, el problema con las regularidades inesperadas es que ahí donde las tratamos de reprimir, tienen la particularidad de insistir en hacerse notar, en reclamar atención. Es difícil hacer acallar a una regularidad inesperada. Cuando la posición subjetiva que tomamos frente a eso es la de hacernos los tontos, o tratar de hacerlo encajar con el manto de saber del que previamente disponemos sin poder abordarlo como algo nuevo, entonces el problema que se nos presenta es el mismo que cuando se barre la tierra debajo de la alfombra: al cabo de un tiempo, además de tierra, nos encontramos con la alfombra agusanada.

Pero entonces, ¿qué hacer con estas *regularidades inesperadas* que se presentan en el encuentro con cada uno de los sujetos que tomamos en tratamiento? Ahí se juega la asunción de una *posición ética*. Que nos obliga, en primer lugar, a intervenir a tiempo —el campo del acompañamiento terapéutico se distingue por trabajar con pacientes con trastornos graves, y además, en general, con esos pacientes con trastornos graves en el momento de *epicrisis*, con lo cual es el momento de mayor gravedad de la gravedad. Entonces, eso por supuesto requiere de una atención que no puede ponerse en espera para ver si dentro de dos o tres años, cuando tengamos alguna idea de por donde pasa el deseo de ese sujeto,

14. Este tema será desarrollado en mayor profundidad en el Capítulo V.

recién ahí autorizarnos a intervenir. Porque muchas veces el caso no nos da ese tiempo. En este punto se unen estas dos cuestiones:

1. En primer lugar, esta vertiente de la *Ética* que tiene que ver con *nuestro posicionamiento clínico al abordar un caso*;
2. Y la otra, que es *cómo generamos el contexto adecuado para que, en esos momentos en que se presenta una situación así, podamos contar con los recursos necesarios para organizar el dispositivo más eficaz para el abordaje de cada sujeto*.

¿Cuándo un dispositivo es eficaz? En primer lugar, es eficaz cuando puede dar una respuesta adecuada a una situación de crisis, pues sería ineficaz cualquier abordaje que desconociera esa situación. Pero es eficaz también, y fundamentalmente, cuando esa intervención deja lugar, da tiempo a que en algún momento —y esto tendría que ser el único horizonte de esta intervención aunque, insisto, haya toda una serie de cuestiones que instrumentar obligatoriamente para que pueda alcanzarse ese horizonte— a que en algún momento ese sujeto pueda llegar a pronunciar *al menos una palabra propia*. Es lo que vamos a desarrollar a continuación, a partir de conjugar la práctica del *Acompañamiento Terapéutico,* con la *Ética* del Psicoanálisis.

IV

Acompañamiento Terapéutico, transferencia y dirección de la cura[1]

Antes de empezar...

El recorrido que iniciaremos aquí apunta a abordar diversas cuestiones relativas a la compleja articulación entre los conceptos de *transferencia* y *dirección de la cura*, y el trabajo cotidiano del acompañante terapéutico. Son temas que consideramos muy importantes para poder pensar de qué manera puede introducirse algún ordenamiento en nuestro trabajo clínico, especialmente en medio de todo este estado de ebullición que se viene produciendo a partir de la promulgación en distintos lugares de nuestro país de diversas leyes y normativas de regulación profesional del *Acompañamiento Terapéutico*, y la posibilidad cada vez más cierta de que se promulgue a la brevedad una ley de alcance nacional. Lo que tiene como consecuencia que se reabran de pronto preguntas muy fuertes sobre la especificidad de esta práctica. Por ejemplo —y como punto de partida de la presentación de cualquier proyecto de ley—, es indispensable circunscribir su objeto de aplicación: es por lo tanto necesario definir *qué es el Acompañamiento Terapéutico*.

Pero no solo eso. Se empiezan a cruzar también ahí otras cuestiones que es preciso definir, que hacen a la delimitación de incumbencias, la

1. El texto que se presenta aquí es una articulación de los temas que, sucesivamente, fueron presentados en los siguientes eventos: *XII Congreso Argentino de Acompañamiento Terapéutico*, clase dictada en el marco del *Mini-curso: «Acompañamiento Terapéutico, transferencia y dirección de la cura»*, realizado en forma conjunta con Mauricio Castejón Hermann los días 15 y 16 diciembre de 2016 en Mar del Plata; *«Fundamentos éticos del Acompañamiento Terapéutico»*, conferencia dictada en la *Jornada en 2 movimientos: UADER / UNR*, realizada el 11/08/17 en Paraná (1ª Parte), y el 1/09/17 en Rosario (2ª Parte); *II Jornada de Acompañamiento Terapéutico en la Legislatura de la Ciudad Autónoma de Buenos Aires*, el 30 de agosto de 2017.

delimitación académica de su figura, y el establecimiento de pautas para regular la formación de los acompañantes. En este contexto, resulta asimismo esencial poner de relieve la necesidad de avanzar en la construcción de las instancias de capacitación adecuadas —en el marco de las *Universidades Públicas*—, para generar las condiciones de aplicabilidad de la ley respecto de sus exigencias académicas.

Identidad del *AT*

Hay algunas preguntas que insisten, y en esa insistencia se pierde a veces de vista el equívoco que subyace a su formulación. Por ejemplo, una de las cuestiones que más insiste en las redes sociales es: *«¿Qué **es** un acompañante terapéutico?»* Aparece ahí la pregunta por la *consistencia ontológica*, por el *«ser»* del *AT*. Es una pregunta que produce cierta incomodidad, porque las distintas definiciones que se ensayan resultan, en algún punto, siempre fallidas. Pero en verdad, es una pregunta que por su modo de estar formulada, puede conducir a error; o —por lo menos—, se presta a ciertos malentendidos, porque si se pregunta por el *«Ser»*, la respuesta sugerida también nos lleva a ensayar definiciones relativas al *«Ser»*. Cuando nos preguntan *qué **es** un AT*, dan ganas de salir a buscar el *manual del AT* para responder, no? Incluso, de diagramar su figura: acá le ponemos el *yo auxiliar*, en este costado la *capacidad de contener*, más arriba el *amortiguador de las relaciones familiares*, el traje de bombero, la nariz de payaso... Pero hay una trampa en pensar la identidad del acompañante terapéutico en términos del *ser*, de definir qué *es*.

Para ilustrar esta dificultad, podemos remitirnos al análisis que propone Wittgenstein respecto del concepto de *«juego»*, a propósito del cual cabe preguntase: *«¿Qué hay en común entre juegos como, por ejemplo, el ajedrez, el póquer, y el fútbol?»*. Todo intento de postular teóricamente la existencia de dicha propiedad *común a todos los juegos* resulta en vano. Conviene pues centrar la mirada en los juegos mismos, y ver qué ocurre en ellos. Y lo que al hacerlo se percibe —señala este autor— no son propiedades ni características comunes a todos ellos, sino, simplemente, propiedades y características similares, es decir, propiedades entre las que parece advertirse cierto parecido. Si se comparan varios juegos diferentes, se verá que uno de ellos guarda cierto parecido con otro, éste a su vez se parecerá de un modo u otro a un tercero, tercero que, a su vez, acaso se parezca en tal o cual punto al primero, en algo que muy posiblemente no será aquello en lo que se asemejan el primero y el segundo y el segundo y el tercero. De los miembros todos de la clase *«juego»* no puede, pues, decirse —salvo por su condición lúdica—, que posean una propiedad común definitoria. Damos ejemplos de estas semejanzas pero no logramos definirlas, ya que los límites entre ellas son imprecisos.[2] ¿Acaso no encontramos una dificultad similar cuando intentamos abarcar en una definición al *Acompañamiento Terapéutico,* o encontrar un rasgo en común que logre hilvanar todas sus posibles incumbencias, funciones y *semblantes*...?

En verdad, la respuesta resulta mucho más productiva cuando la podemos pensar en términos del ***estar***. Cuando intentamos definir su identidad no del lado del *«ser»*, sino de su *«modo de estar»*. Hay algo distintivo, característico, esencial al *AT* se podría decir, que tiene que ver con el modo de ofrecer su *presencia*. Es una presencia que no se ofrece de cualquier manera, se ofrece —en primer lugar— de un modo amable, es esencialmente un modo de estar caracterizado por la *hospitalidad*, al menos en un primer momento. ¿Un modo de estar amable para qué? ¿En qué consiste ese amable *modo de estar*?¿Cómo dar a ese *modo de estar,* además, el estatuto de una intervención —de una *intervención clínica*, más precisamente? ¿Para qué *estamos* tan amablemente ahí? Pues bien, estamos ahí para que ese sujeto —a quien recibimos para ser acompañado en circunstancias de lo más diversas—, pueda ir encontrando un buen lugar de alojamiento en el dispositivo de tratamiento, en contraposición a las dificultades que viene experimentando para hallar algún lugar mínimamente soportable en el *deseo del Otro*. Por el sólo hecho de *estar allí disponible*, por su mera *«presencia en exclusividad»* a disposición del sujeto, el acompañamiento tiene ya *efectos terapéuticos*.

No obstante, es preciso estar advertidos de que, en la medida en que no siempre esa presencia ha sido requerida por el usuario —siendo incluso, con frecuencia, expresamente rechazada—, hay un primer movimiento a producir: que esa *presencia*, pueda ser bienvenida. Resulta muy interesante, en este punto, la referencia propuesta por Santiago Franco respecto del pensamiento de Jaques Derrida sobre la *«hospitalidad y sus leyes de acogida»*. Desde el inicio de un acompañamiento, la problemática de la hospitalidad se presenta de manera invertida: es el *AT* —con su *encuadre ambulante*—, quien toma el lugar del *huésped*, a condición de ser aceptado dentro de la vida cotidiana de quien es acompañado *«...incluso en su propia casa (...) el sólo gesto de recibirlo en su casa, coloca a quien es acompañado como quien dicta las leyes condi-*

2. Wittgenstein, L.; Investigaciones filosóficas.

cionales de la hospitalidad que dibujan los límites de su propiedad. Al mismo tiempo, quien es acompañado se convierte en el primer garante para que esas mismas leyes sean respetadas tanto por él, como por los huéspedes que lo acompañan»[3]. Es recién allí, cuando ese movimiento de acogida resulta suficientemente logrado, que podemos comenzar a pensar en un nuevo nivel de intervención, que pueden incluso conducir al sujeto a abrir alguna interrogación sobre las arbitrariedades y los sinsentidos de sus propias leyes de hospitalidad.

Fíjense que al postular las cosas así, comenzamos a producir un modo distinto de ordenamiento. Y cuando digo *«ordenamiento»*, no quiere decir que lo que vamos a trabajar tiene que ver con la pretensión de establecer de antemano el orden de las intervenciones, sino de poder poner en conversación ciertas herramientas conceptuales que son fundamentales para tener alguna lectura, alguna brújula que nos pueda orientar, ahí donde es de lo más habitual que se nos convoque a intervenir casi a ciegas —y muchas veces a toda prisa—, en situaciones de la más alta complejidad que se puede encontrar en el campo de la *Salud Mental*.

Interdisciplina en acción...

Vamos a empezar al revés. En una de las ponencias presentadas en Mar del Plata[4], escuchaba decir: *«los psiquiatras nos tiran al paciente...»*. Perdón, a nadie le tiran un paciente, si uno no se pone donde tiran pacientes para atajar los pacientes que tiran. Entonces, los psiquiatras no nos tiran los pacientes. En todo caso, si están tirando pacientes, bueno, hay que irse para otro lado, ¿no? Cuando se dice algo así, es que no hay coordenadas de lectura para escuchar qué demanda está en juego. Ahora, en el momento en que hay una solicitud de intervención, tenemos que tener en cuenta que la mayoría de los psiquiatras han cursado toda la *Carrera de Medicina*, y toda la *Especialización en Psiquiatría*, sin recibir en su formación profesional ni un sólo párrafo respecto

3. Franco, S.; *La hospitalidad y lo «terapéutico» del acompañamiento*, texto presentado en la II Jornada de Acompañamiento Terapéutico en la Legislatura de la Ciudad de Buenos Aires, el 30 de Agosto de 2017, actividad preparatoria para el XIII Congreso Argentino, y el XI Congreso Internacional de Acompañamiento Terapéutico.
4. XII Congreso Argentino de Acompañamiento Terapéutico, realizado en la Ciudad de Mar del Plata en Diciembre de 2016.

de cómo implementar la figura del acompañante terapéutico. Les voy a decir un secreto: hay que enseñarles…

— Mauricio Hermann[5]: *Así como a los jueces también, ¿no?*

Y muchas veces a los psicoanalistas, también…!!! Pero fíjense que una cosa es si el acompañante, en el momento inicial, cuando le empiezan a comentar el caso, tiene algunas herramientas como para introducir algunas preguntas que le permitan hacerse un mapa de situación, por ejemplo: «*Bueno, ¿pero cómo se está configurando el dispositivo? ¿Están dadas las condiciones para salir a la calle con este paciente, o no? ¿Hay algún espacio de entrevistas familiares, o no? ¿Se viene trabajando con esa familia con la que se está planteando la externación, para que el sujeto vuelva? ¿Cómo es ese trabajo? ¿Qué se viene viendo?*». Vale decir, una cosa es que el *AT* simplemente reciba en forma pasiva los *objetivos terapéuticos* —que se plantean siempre, inevitablemente en la solicitud inicial de intervención—, y otra cosa es que a partir de esos *objetivos terapéuticos* que se le proponen, pueda comenzar él mismo a sopesarlos, a desmalezar el terreno, a ir reconociendo y discriminando los *imperativos institucionales*, los *imperativos familiares*, los *imperativos superyoicos* puestos en juego incluso por el mismo sujeto…

Como señalaba anteriormente[6] —tomando algo muy interesante que plantea Magalí Besson[7]—, la clínica del *Acompañamiento Terapéutico* empieza abrir una fuerte interrogación sobre los saberes en juego, sobre el cruce de saberes que se conjugan en nuestras intervenciones, en el abordaje de pacientes con trastornos graves[8]. Es muy importante no perder de vista que el *Acompañamiento Terapéutico* nace como una pura experiencia, y que esa experiencia se fue jugando en un cruce de discursos del que no sólo participan el *Psicoanálisis* y la *Psiquiatría*, sino que hay además una multiplicidad de otros discursos en la conversación. De hecho, no es que «*todos los psicoanalistas*» o «*todos los psiquiatras*» hablan la misma lengua, sabemos que hay entre ellos concepciones clíni-

5. Intervención en el contexto del mini-curso: «*Acompañamiento Terapéutico, transferencia y dirección de la cura*», XII Congreso Argentino de Acompañamiento Terapéutico, Mar del Plata 2016.
6. Mesa Redonda: *Epistemología y AT*, actividad programada como parte del XII Congreso Argentino de Acompañamiento Terapéutico, en la que participaron también Daniela Tello (Córdoba) y Mauricio Castejón Hermann (São Paulo, Brasil).
7. Besson, M.; *Acompañamiento Terapéutico: una voz que haciendo herencia, interpela*, Inédito.
8. Tema desarrollado en la 1er. Jornada de Acompañamiento Terapéutico «*Saliendo de las sombras*», realizada en la ciudad de Bogotá, el 26 de agosto de 2017.

cas muy distintas. Y hay asimismo posiciones discursivas que luego no se condicen con las estrategias que se sostienen. Una cosa es lo que se dice, y otra es lo que se hace, los discursos pueden ser muy convincentes y cautivantes, pero hay que ver después cómo es que cada uno interviene. Qué se entiende por *abstinencia*, por ejemplo. Y ahí algunas veces se notan diferencias muy importantes. Hay que tener mucho cuidado también con esa discriminación de *«escuelas»* que a veces se hace, cuando en realidad lo que interesa —más allá de los enunciados— es cómo cada uno sostiene su posición en el momento de las intervenciones, en el momento de coordinar un equipo, en el momento de transmitir la información entre compañeros. Porque ahí los discursos muchas veces pierden consistencia, y lo que acontece se juega en un registro muy distinto, que no es el del *Sujeto Supuesto al Saber* sino, propiamente, en *lo Real* de la transferencia. Y es ahí donde cobra su pleno sentido la palabra: *Ética*.

En este contexto, vale la pena insistir en poner de relieve que uno de los rasgos más distintivos y originales de la producción bibliográfica propia del *Acompañamiento Terapéutico*, es que ella ***nace*** de ese cruce de discursos. Su escritura, ya está habitada por ese cruce de discursos, está en su ADN, se podría decir, como marca de nacimiento, como impronta esencial, constitutiva de su *identidad*. Está habitada por esas discusiones de equipo multidisciplinarias, en esa interlocución permanente con todo el abanico de disciplinas, prácticas e instituciones del campo de la *Salud Mental*. Como decía recién Mauricio, también hay que incluir aquí el *discurso jurídico*, que muchas veces nos atraviesa de distintos modos, no solamente en el trabajo con pacientes judicializados, sino por ejemplo ahí dónde la figura de la *mala praxis* empezó desde hace un tiempo a ser una presencia cada vez más fuerte, y ya es parte del juego. Estamos inmersos en una *praxis* que no está exenta de esa presencia, que nos introduce también —y nos pone en conversación— con el *discurso jurídico*. Pero lo que me interesa destacar aquí es que ese cruce de discursos no lo tenemos que inventar, es el agua en que nadamos, el charco del que surgimos, y nuestro pan de todos los días.

Sería muy raro, entonces, que en nuestra transmisión no estuviera presente esa mixtura discursiva, que es a mi gusto un rasgo, una marca de origen muy especial. Y, si se leen bien, en la mayoría de los textos que hay publicados específicamente sobre *Acompañamiento Terapéutico* —que ya son muchos—, van a encontrar que esa producción está marcada por la diversidad de lenguas. Esto creo que es algo muy interesante, que siempre se pone de relieve en nuestras jornadas y congresos, pero también cada vez que participamos en los eventos de otras disciplinas en *Salud Mental*, en donde hemos tenido que atravesar todo tipo de discusiones, incluso confrontaciones tanto *discursivas* como *políticas* —me refiero aquí particularmente a las *políticas en Salud Mental*. ¿Cómo hacer para atravesar esas incomodidades, y no morir en el intento...? Dificultades con las que los *AT* han tenido que lidiar desde el inicio, y siguen teniendo que apechugar cotidianemente, en cada experiencia clínica. En fin, parece que lo que se está cocinando a fuego lento —quizá, no tan lento, porque en realidad hubo en los últimos años una muy interesante aceleración—, tiene esa impronta. Y no sólo en las conversaciones, sino que está ya nuestra escritura habitada también por esa multiplicidad de discursos. Rica, sabrosa, colorida y bien picante.

En el cruce de discursos, la posición del AT

Ahora, parece que esto trae también algunos problemitas ¿no? Porque es el terreno propicio para el extravío. Es decir, esa misma multiplicidad de discursos que, por un lado, da este rasgo tan original y simpático a la caracterización del *AT*, que parece tan plural, tan abierta y tan políticamente correcta, es sin embargo, al mismo tiempo, algo que genera las condiciones para las mayores confusiones, a la hora de definir su lugar y su *función*. Esta suerte de *«elogio de la multiplicidad de discursos»* es algo que se viene destacando —como señalába anteriormente[9]— desde el *VII Congreso Internacional*, celebrado en la ciudad de San Pablo en el año 2012[10]. El lema de aquél congreso proclamaba las *«Polifonías del AT»*. Pero hay un problema con la polifonía: que en la *fiesta de la interdisciplina*, perdamos la posibilidad de pensar desde alguna perspectiva la *lógica* del caso, para situar con cierta precisión la posición transferencial del acompañante terapéutico y —recién así— poder orientar sus intervenciones. En esa polifonía de discursos, los acompañantes terapéuticos están muchas veces en riesgo de quedar extraviados, de confundir su propia posición y su rumbo. Por cierto, el montaje al que se nos convoca a intervenir, al comienzo de cada acompañamiento, suele ser estruendosamente polifónico. Pero la lógica del caso, sin embargo, en verdad no lo es.

9. Ver capítulo 2, *Modelos de implementación del AT en Salud Pública. AT como Dispositivo, AT como Función, AT como Profesión*.

10. El *VIII Congreso Iberoamericano / VII Congreso Internacional de Acompañamiento Terapéutico: «Polifonía. As diversas vozes do AT»*, se realizó en la ciudad de São Paulo, Brasil, en Noviembre de 2012.

A propósito de este extravío, se me ocurría la siguiente analogía: ¿vieron cuando van a una fiesta de disfraces, que en la medida en que van tomando una copa, y otra copa, y luego otra, hay un momento en el que la muchacha que se disfrazó de reina termina con el parche del ojo del pirata, el pirata con la peluca de uno que se disfrazó de juez, y el juez con las faldas de la reina…? Y bueno, la interdisciplina, cuando no hay alguna coordenada de lectura que permita ordenar lógicamente esas distintas intervenciones, se presta a que en el baile de disfraces, al final cada uno termine no sabiendo de qué está disfrazado, cómo delimitar en el dispositivo su lugar y su función. Y se podrán imaginar que hay un problema importante en no saber qué es eso que *uno* encarna para el *otro* —en nuestro caso, el *AT* para el sujeto acompañado—, algo que Lacan describió muy bien en el inicio de su seminario sobre la angustia, con la fábula de la *mantis religiosa*.

Se hace preciso entonces examinar en base a qué criterio se puede articular ese ordenamiento de los discursos y las intervenciones. Cómo poder delimitar allí la función de cada una de las instancias intervinientes. Cómo hacer para que, en ese barullo polifónico del inicio de la intervención, esos lugares no se desdibujen y se confundan. Cómo hacer para que el *AT* tenga además, en ese contexto, la suficiente cuota de libertad y autonomía. Y, fundamentalmente, cómo articular eso en un *«movimiento de conjunto»*, para que esa diversidad de intervenciones y esa diversidad de discursos, de voces, de acciones no terminen reproduciendo la misma fragmentación que el sujeto experimenta en los distintos niveles de su experiencia subjetiva. Porque esa maraña de voces, demandas e imperativos encubre, del lado del sujeto —según la experiencia clínica nos muestra una y otra vez— un déficit a nivel de estructura. Hay que pensar que cuando intervenimos en relación a usuarios que requieren la conformación de un equipo múltiple, esa multiplicidad de intervenciones es el cabal reflejo de su fragmentación, de cierto *déficit de anudamiento* en el nivel de su realidad psíquica. Cuanta mayor diversidad de instancias es preciso introducir para el abordaje de un sujeto, más patente se hace la fragmentación a nivel de estructura con la que estamos teniendo interlocución.

Ahora bien, si el equipo responde espejando esa fragmentación, no hacemos más que confirmarle ominosamente al sujeto su destino de despedazamiento. Y aunque parezca un anacronismo, de hecho este seccionamiento aún hoy se sostiene como terapéutica, y desde ciertas concepciones clínicas está legitimado como modalidad de abordaje, y se practica como tal. El neurólogo —o el psiquiatra— examina sus estudios e indica la medicación; la institución escolar ofrece a los niños —bajo la mascarada de la inclusión— sus herramientas de adaptación psicopedagógica; el psicólogo —cuando lo hay—, haciendo lo mejor que se le ocurre, quietito en su consultorio; y los acompañantes yendo y viniendo sin ton ni son, de aquí para allá, sin que haya ningún punto de encuentro que permita siquiera una mínima lectura de conjunto. Tenemos entonces, de un lado, la fragmentación en un sórdido silencio; del otro lado —como contracara de la misma moneda—, el barullo de la polifonía, sin ningún ordenamiento. Esas prácticas y esas terapéuticas en tensión, son precisamente las que los acompañantes vienen desde hace tiempo interrogando y cuestionando, haciendo cada vez más visibles sus incongruencias e ineficacia.

Pero justamente por eso, podemos decir que en el campo de la *Salud Mental* el acompañante terapéutico pasó a ser uno de los productores más importantes de interdisciplina, uno de los promotores más importantes del trabajo en equipo. Ahora, fíjense que para poder entrar en interlocución con un psiquiatra, con un psicoanalista, con el director de una clínica —y, fundamentalmente, con el sujeto mismo que está siendo acompañado en medio de ese montaje— hay que poder estar a la altura de esa interlocución. Y *«estar a la altura»* quiere decir que es esencial, para poder sostener dignamente esa interlocución, tener las herramientas conceptuales adecuadas. Vale decir, contar con una formación que nos permita a nosotros mismos hacer alguna lectura del caso y argumentar de modo consistente nuestros puntos de vista. De lo contrario, el acompañante terapéutico se convierte en una suerte de *caballo con anteojeras que acompaña*, producto de esas variopintas propuestas de capacitación que —con la promesa de una pronta salida laboral—, se convierten en maquinarias masivas de malformación de acompañantes. Porque lo que forman son personas con anteojeras que se dicen acompañantes terapéuticos, cuando en verdad no lo son. Y que no tienen la posibilidad de ensayar siquiera una mínima lectura de ninguna lógica, ni de ninguna cura, porque en la mayoría de los casos jamás se analizaron tampoco.

Por el contrario, para empezar a establecer más o menos criteriosamente la orientación, el sentido de nuestras intervenciones, eso debería desprenderse de poder captar con alguna precisión —y más allá del polifónico barullo inicial—, algo de lo que se está jugando en ***esa*** intervención, en ***ese*** momento, para ***ese*** sujeto. Sujeto que por otra parte, como vamos a ver, no es siempre tan fácil de localizar.

Sujeto y *Demanda*, en el inicio de la intervención

Es interesante lo que plantea *Leonel Dozza*[11] respecto de la dificultad para localizar al *sujeto*, y es toda una cuestión a pensar: *¿Cuál es el sujeto del tratamiento?* Nos dicen cual es *el paciente* pero no sabemos cuál es *el sujeto*. Todavía no sabemos qué sujeto tenemos como interlocutor, cuál es el *fantasma* que comanda la escena sobre la que vamos a intervenir. Esto hay que tenerlo en cuenta, porque no siempre el *acompañado* está en posición de *sujeto*. A veces, para llegar a que el acompañado coincida con el sujeto, es necesario todo un trabajo de puesta a punto del dispositivo, en el que siempre conviene incluir las entrevistas familiares —con frecuencia más o menos regular—, incluso la generación de un espacio de entrevistas individuales para la madre, para el padre, para los hermanos, y recién entonces se podrán ir despejando ciertas cuestiones. Recién allí se podrá empezar a abrir cierta pregunta en relación al *deseo del sujeto*, sobre el que hasta ahora no teníamos ni noticia, porque ni siquiera tenía lugar como sujeto en el dispositivo. Era un *«paciente»*. ¿Se entiende cuál es la diferencia? Y hay una puesta a punto del dispositivo en la que, en primer lugar, muchas veces se trata de poder discriminar quién es el *«paciente»* y quién es el sujeto, y cómo llegar a que ese que nos traen como *«paciente»* pase a tener una posición de sujeto, pase a ser reconocido en su condición *deseante*.

Entonces, en el primer momento ¿qué tenemos? Tenemos el padecimiento, pero ¿de quién? Muchas veces ni siquiera es el del paciente. Al contrario, suele suceder que aquel por quien se consulta está lo mas pancho, jodiéndole la vida a toda la familia. Y no hay cosa más linda que joderle la vida a toda la familia, que me mantengan, que enloquezcan por mí. Eso en algunos casos, no digo que sea siempre así. Lo que interesa es que no podemos dar por supuesto de entrada que el que padece es aquél por quien se solicita nuestra intervención. En esa puesta a punto inicial del dispositivo, hay cierta pregunta que es necesario poner a trabajar en relación a determinar quién padece, quién es el sujeto del padecimiento. Porque para que haya un *sujeto* que coincida con ese que nos presentan como *«el paciente»* tiene que despejarse, tiene que presentarse, tiene que acontecer en algún momento *algo* que se registre como un padecimiento para él. No podemos dar por supuesto que esto se presenta así en el punto de partida. Lo que tenemos en el punto de partida es

11. Dozza de Mendonça, L.; *Acompañamiento Terapéutico y Clínica de lo Cotidiano*, Buenos Aires, Letra Viva, 2014.

frecuentemente la queja de los padres, la queja del hermano, el hartazgo, el hastío de años y años de estar luchando con una situación con la que ya no se sabe qué hacer. Entonces, por un lado, nos encontramos con el enigma absoluto sobre *el padecimiento* y sobre *el deseo*. ¿Se dan cuanta? ¿Cómo vamos a intervenir, o hacia dónde vamos a intervenir, si no sabemos quién es el sujeto, no sabemos de quién es el padecimiento, y no sabemos cuál es el deseo? Se dan cuenta que, para poder ensayar alguna intervención que tenga mínimamente algún sentido, algo primero debemos empezar a despejar en relación a todas estas cuestiones.

Pero entonces... ¿qué *Demanda* está en juego, y cuál es el sujeto de esa *Demanda*? Fíjense que hay ahí toda una cuestión relativa a la pregunta por el *Sujeto*, que es necesario poner a trabajar a partir de ese barullo, de esa maraña de *Demandas* y *silencios* que con frecuencia se ponen en juego desde el inicio. Habitualmente —como decíamos—, no es el propio usuario quién solicita el acompañamiento, y no siempre la totalidad del entorno familiar de la persona a quien se va a acompañar está en un todo de acuerdo con nuestra intervención, y mucho menos cuando de lo que se trata es de introducir una presencia extraña en la intimidad de la vida familiar. En esa tensión, en la modalidad misma de la *solicitud de intervención*, hay algo sin embargo que ya se empieza a desplegar, dándonos los primeros indicios sobre la lógica del caso. Ciertas coordenadas que a veces sólo pueden ir situándose cuando se tiene la posibilidad de avanzar en ese tratamiento por un tiempo, que pueden ser meses, pueden ser años, o pueden ser *«35.000 horas ininterrumpidas de acompañamiento terapéutico»*, como en el caso que presentaron una vez Gustavo Racca, Ariel Rondinone y Gerardo Pérez, 15.000 más que las leguas de viaje submarino de Julio Verne[12].

No obstante, hay siempre algo ahí que se pone en juego desde el momento mismo de la *solicitud de intervención*. Ciertos indicios que, aunque apenas resulten perceptibles —y no siempre de manera conciente— dan cuenta de entrada de la singularidad de la *Demanda* en juego, y algo nos empiezan a decir sobre la lógica del caso. Claro, el problema es que no tenemos aún las herramientas de lectura para saber *qué es eso que se está desplegando*. Porque eso que se está desplegando, ahí, de

12. Racca G.; Rondinone A; y Pérez G.; *35.000 horas de acompañamiento terapéutico consecutivas, ¿deben plantear un problema ético?*, en AAVV; Eficacia clínica del Acompañamiento Terapéutico, Buenos Aires, Polemos, 2002. Como puede apreciarse, el título mismo de ese trabajo, planteaba como interrogante si habría que considerar allí algún problema ético, en caso de que un acompañamiento se continúe eternamente.

entrada, en el momento mismo de la *solicitud de intervención*, para poder leerlo, es necesario que podamos empezar a construir ¿qué cosa...?

—El vínculo...?
—El encuadre...?
—La particularidad del caso, el caso en sí mismo...?

Sí, eso está muy bien... Pero lo que nos permite situar las verdaderas coordenadas, la clave del caso, lo que es necesario empezar a construir para poder orientar la lógica de nuestras intervenciones, es la *Otra escena*. ¿A qué me refiero con la *Otra escena*?

—¿La supervisión? ¿Dónde estuvo el tercero...? No hubo supervisión, no hubo terceridad...

Esperá... que todavía no empezamos el acompañamiento, todavía no pasó nada...!!! (risas). Bueno, vamos a ir de a poquito, en seguida vamos a volver sobre esto ¿Qué hay en el momento de la *solicitud de intervención* de un AT?

—Una necesidad...?

Puede ser, hay una necesidad, sí, ¿pero de quién? De todos modos, es difícil sostener que se trate estrictamente de una *«Necesidad»*... No es una pregunta cualquiera, poder situar —a partir del momento en que se solicita la intervención de un acompañante, o un equipo—, qué *Necesidad*, o qué *Demanda* está en juego. Y fíjense que estoy estableciendo una distinción que es conceptualmente muy importante, entre *«Solicitud de Intervención»*, *«Necesidad»* y *«Demanda»*. ¿Es igual si esa solicitud de intervención nos llega a través del *Messenger* porque alguien vio en *Facebook* que nos pusimos como nombre de perfil *«AT no sé cuánto»*, y entonces nos manda un mensajito diciendo que *necesita* un acompañante para su hijo? ¿Es lo mismo si viene formulada por alguien que nos contacta y nos pide acompañamiento para sí mismo? ¿Es igual si llega a través de una institución educativa? ¿O a través de un psiquiatra? O a través de un terapeuta —cualquiera sea su orientación—, con quien ya tenemos varios años de experiencia de trabajo, con quien hemos tenido ocasión de atravesar distintas circunstancias en relación al trabajo clínico con distintos pacientes? Digo, la *Demanda* que allí está en juego ¿se inscribe en todos esos casos de la misma manera? Porque la intervención no se plantea del mismo modo cuando un acompañamiento tiene el carácter de una indicación, como parte de una estrategia, cuando hay un profesional que está diciendo: *«Bueno, por determinados motivos esto viene funcionando con dificultades»*; o bien: *«podemos empezar a pensar con este paciente que vengo atendiendo hace tanto tiempo, pasó por una internación, es el momento de empezar a pensar cómo vuelve a programar sus actividades, vamos a apuntalar la intervención con un acompañante terapéutico»*. Entonces, allí sí hay interés por parte del terapeuta, de convocar un AT o un equipo de acompañantes terapéuticos como parte de una estrategia. Pero no todos los acompañamientos comienzan así. No obstante, aún en este caso, fíjense que, más allá de la acertada indicación que pueda haber por parte de un terapeuta, tiene que haber algo más que haga de soporte, para que esa indicación de acompañamiento terapéutico pase a inscribirse como *Demanda*.

Cabe aclarar que este término —*«Demanda»*—, tiene en el campo del Psicoanálisis un valor conceptual sumamente importante y específico, y es preciso estar advertidos de que, en el momento de la solicitud de intervención —y aún en el inicio mismo—, sobre eso, no sabemos nada. Lo que nos permite el acceso a las claves de lectura y la discriminación de las demandas en juego, es la producción de ese *Otro Saber* que, a falta de palabras, insiste en revelarse en la modalidad de la mostración y del pasaje al acto, sobre determinando con sus tensores ocultos de acero invisible la configuración del montaje que se nos presenta, y sobre el que se nos invita a intervenir. Pero la producción de ese *Otro Saber*, y la construcción de esa *Otra Escena* de la que es solidario, requiere de un tiempo, de la puesta en juego de una temporalidad nueva, que es preciso producir, y sostener. Pronto volveremos sobre ello.

Acerca de *los objetivos terapéuticos*

En sintonía con lo que fuimos desarrollando, conviene examinar otra de las cuestiones que habitualmente se ponen en juego de manera problemática en el comienzo de una intervención, condicionando —no siempre del modo más favorable— las coordenadas del encuadre y la orientación de las intervenciones del acompañante: los *«objetivos terapéuticos»*. Determinar con alguna precisión esos objetivos casi puede resultar equivalente, en cierto sentido, a definir la función del *AT*, lo que justifica poner de relieve la importancia de mantener abierta una pregunta fuerte respecto de cómo delinearlos, cómo calibrarlos, y cómo calcular sus condiciones de posibilidad. Como decíamos anteriormente, con frecuencia nos encontramos de entrada en medio de cierta *«confrontación»* entre esos objetivos terapéuticos —que, según el caso, se nos *proponen*, *sugieren* o *imponen*—, y las impulsiones y acciones concretas que por otro lado se empiezan observar, tanto por parte del sujeto como de su entorno familiar, en dirección opuesta a su realización. Pero vayamos por partes...

Cabe preguntarnos, en primer lugar: ¿quién establece los objetivos de una intervención, y con qué criterio? Como ya se ha señalado en otras ocasiones, no siempre quien los propone es el terapeuta o el equipo tratante: a menudo es algún integrante de su familia, e incluso el mismo sujeto. Cuando es así, los objetivos que se plantean suelen estar comandados por ciertos ideales e imperativos de supuesto bienestar: *«que el paciente pueda trabajar»*, *«que pueda hacer deportes»* o *«que pueda estudiar»*, es decir, que pueda conquistar su autonomía y encarrilarse en las vías adaptativas que la sociedad propone para establecer que un sujeto *«está bien»*... Está bien si trabaja, si estudia, si hace las cosas que tiene que hacer. Pero el hecho de que *sea feliz*, por ejemplo, o que deje de estar permanentemente angustiado, pasa con frecuencia a un segundo plano; y la pregunta acerca de cuales podrían ser los motivos que se oponen a la concreción de esos objetivos, queda por completo fuera de registro. Y esto no es sin consecuencias, pues más tarde o más temprano, si no es reconocido y encauzado, ese malestar que permanece en fermentación no tardará en traer algunos problemas. Pues más allá de la legitimidad que parezcan tener estos objetivos, pronto se revelan otros indicadores que nos empiezan a susurrar al oído que algo no está bien sintonizado respecto del deseo del sujeto.

Pero entonces, ¿cómo reconocer cuando esos objetivos son pertinentes, viables y sostenibles, y cuándo no lo son? ¿Cómo posicionarse, cómo responder a esa suerte de *«prematuración de objetivos»* que se le proponen al acompañante?[13] En este contexto, no es un detalle menor si en el momento inicial, cuando le presentan el caso, el AT tiene suficientes herramientas conceptuales propias como para considerar: *«Bueno, esos objetivos están ok, pero ¿cómo se está configurando el dispositivo? ¿Se corresponde esa configuración y las actividades programadas con las condiciones físicas y afectivas de este sujeto, y las demás cuestiones que en* ***éste*** *momento es preciso atender?»*. O por ejemplo: *«¿Están dadas o no, las condiciones para salir a la calle con él?»*. Y lo más importante: *«¿Hay*

13. Ver Pulice, G.; *La Ética en el Acompañamiento Terapéutico*, en *Memorias del 5° Congreso Internacional, 6° Iberoamericano y 1er. Congreso Mexicano de Acompañamiento Terapéutico / Querétaro 2010.*

algún espacio de entrevistas familiares, o no lo hay...? ¿Se viene trabajando con esa familia con la que se está planteando la externación, para que el sujeto vuelva a vivir allí...? ¿Cómo es ese trabajo? ¿Qué se viene observando respecto de la dinámica familiar, y del lugar que este sujeto viene ocupando para su familia? ¿De que manera viene respondiendo su entorno familiar a las intervenciones previas...?». Parecen preguntas muy simples, no obstante ponen en juego cierto nivel de captación de la situación sobre la que se interviene, de profunda complejidad. En donde la precisión con que esas preguntas puedan ser formuladas —y las decisiones que se tomen a partir de ello— puede tener además importantes, incluso decisivas consecuencias prácticas.

Vale decir, una cosa es que el AT simplemente reciba en forma pasiva esos objetivos terapéuticos que se le plantean; y otra cosa es que, a partir de ello, tenga en claro que luego, cuando la intervención se ponga en marcha, habrá que empezar a desmalezar, habrá que discriminar los objetivos *ideales* de los *posibles*, a partir de ir detectando y desactivando con mucha paciencia los imperativos institucionales, los imperativos familiares, y también los imperativos superyoicos puestos en juego por el mismo sujeto. A veces él mismo se propone realizar proyectos que a todas luces está muy lejos de poder sostener, pero nosotros no le podemos decir descarnadamente, y en cualquier momento: *«...no, no vas a poder ser jugador de fútbol...»*. No resulta muy recomendable decir eso. Por más descabellado que parezca, uno no puede empezar un acompañamiento poniendo en tela de juicio eso que para el mismo sujeto representa su máxima ilusión, a la que tal vez nunca va a llegar. Uno no puede decir: *«No, a ese horizonte nunca vas a llegar»*, porque además, uno nunca lo sabe.

Tenemos sobrados ejemplos en nuestra propia casuística para ilustrar eso. De hecho, nos hemos encontrado tantas veces casi en el escenario de una *«cura milagrosa»*...!!! Porque efectivamente, hay determinadas intervenciones que empiezan a producir efectos sorprendentes, a funcionar muy bien, y cuando eso se conjuga con que hay un grupo familiar que está comprometido con el tratamiento —en donde ese mal lugar en que quedó alojado el sujeto en el contexto familiar estuvo más bien sobredeterminado por ciertas contingencias que, luego de algún tiempo de trabajo, es posible desenredar y desactivar— resulta que algo se acomoda, y el sujeto puede reposicionarse y afirmarse en un lugar mejor. Y de pronto, se empiezan a abrir sorpresivamente las compuertas de la indeterminación, y arribamos al umbral del libre albedrío[14].

---

14. En estas ocasiones, cuando es posible sostener con continuidad un espacio de

Ahora bien, las cosas no siempre suceden así. Especialmente, cuando no se trata de hechos circunstanciales de la historia familiar —que accidentaron la infancia de un sujeto que era de todos modos bienvenido—, sino de *la fatalidad instalada y hecha trama*, herencia maldita que se repite y se transmite sórdidamente por más de una generación. Los imperativos familiares, allí, pasan a tener otra consistencia, y no se desmontan con la buena voluntad y el entusiasmo del *AT*, ni con la aplicación disciplinada de ningún objetivo terapéutico. Por el contrario, cuando se tropieza con *«eso»*, se percibe de pronto cierto malestar en la escena —que en no pocas ocasiones se dispara por sorpresa, con la temporalidad de un rayo—, malestar que el acompañante puede experimentar en distintos niveles de afectación, y que constituye, además, una puesta a prueba para todo el dispositivo.

Conviene detenernos aquí, para intercalar una observación importante, sobre un tema que pronto vamos a retomar. Algo que está íntimamente relacionado con el *estar ahí* del acompañante terapéutico —y cuando decimos *estar ahí*, eso incluye el hecho de pasar a ocupar cierto lugar en

---

entrevistas con los padres, ganar confianza, e interesar a cada uno de ellos en la reconstrucción de la historia familiar —y revisarla en paralelo junto con la historia clínica del sujeto—, se recuerda de pronto que durante determinado momento de su primera infancia se atravesaron circunstancias muy alienantes, de altísimo nivel de afectación para alguno de los padres. Situaciones que tuvieron el efecto de privar al niño de su protagonismo, sumiéndolo —en momentos claves de su estructuración psíquica— en un marcado desamparo afectivo: la muerte o la enfermedad prolongada de algún familiar cercano, o la perdida del trabajo por parte de alguno de los padres, por ejemplo. Es decir, situaciones en que la disponibilidad libidinal del entorno familiar queda tan restringida, que al sujeto apenas si le llega lo suficiente para para encender su chispa de sujeto deseante. Se lo viste, se le da de comer, se lo lleva al médico, se lo amamanta quizás. Pero no se le habla, no se le mira, no se le sonríe. No hay tiempo de prestarle atención, y ya sabemos que la atención que no se le presta a un niño, puede devenir en déficit. Y ese déficit de atención por parte del *Otro*, cuando el niño lo padece durante demasiado tiempo, puede cristalizar pronto en esas promocionadas figuras medicables que describe la psiquiatría infantil. Sin embargo, y luego de algún tiempo —que pueden ser varios años—, esa situación familiar se supera, y todo se reordena. Pero al sujeto le quedaron las marcas, las huellas de que hubo un tiempo crucial en su estructuración subjetiva, en que el *Otro* estaba distraído, y no estaba en condiciones de prestarle atención. Pero ahora sí...!!! Y resulta que luego de cierto tiempo de trabajo, nos encontramos con que eso que un año antes resultaba impensable —por ejemplo, que ese sujeto en algún momento salga a caminar sólo por la vía pública, vaya a la parada de un autobus, lo tome, se baje donde se tiene que bajar para dirigirse a la institución a la que concurre diariamente—, de pronto acontece.

la escena, y no precisamente un lugar decorativo, de simple testigo, ni en un registro meramente imaginario. Recuerdo que en el congreso de Mar del Plata[15] ciertos colegas hablaban de *los dolores en el cuerpo del AT*, y proponían unas interesantes técnicas de relajación para tramitar ese malestar corporal que producen los acompañamientos. Eso está muy bien...!!! Pero lo que más ayuda a tramitar los dolores en el cuerpo que producen los acompañamientos, es el espacio de supervisión, o el análisis personal —por ejemplo—, para poder ir situando qué afectación despierta en nosotros la conflictiva familiar que se está desplegando no alrededor nuestro, sino *atravesándonos*. Porque les voy a dar una noticia: eso, es la *transferencia*. Y resulta oportuno aclarar cierto malentendido en torno de este concepto, que habitualmente queda restringido al ámbito del amor: por cierto, no sólo es *amor* lo que se transfiere...!!!

Ahora bien, hay una modalidad de transferencia tempranamente descrita por Freud, que es la *transferencia salvaje*. Uno no puede evitar ir por ejemplo a alguno de los comercios de su barrio y salir afectado por las cosas que se hablan allí. Algunas veces voy a un *Rapi-pago* cerca de mi consultorio, en donde el señor que atiende promueve siempre —para salir de su propio hastío, supongo— todo tipo de polémicas sobre temas políticos, fútbol, etc. Entonces se arman conversaciones en la cola, y uno sale afectado, a partir de esos efectos transferenciales con potentes cargas afectivas, cruzados en discusiones intrascendentes. Eso es la transferencia salvaje. Pero nosotros, en tanto profesionales del campo de la *Salud Mental*, no podemos entregarnos salvajemente a la transferencia, tenemos que saber qué hacer con eso. Entonces, ¿podemos evitar la afectación? No, no podemos evitar la afectación. Porque además, nos estamos ofreciendo a la afectación, no podemos rehuír de algo a lo que nos estamos ofreciendo, porque sería una estafa. Pero entonces, ¿qué hacer con eso? Por otra parte, fíjense que se desprende de allí un interrogante fuerte: ¿qué es ***eso*** que pide tramitación, que requiere ser tratado —no sólo interpretado—, para que un determinado sujeto y su entorno familiar puedan experimentar cierto alivio, más o menos duradero, respecto de su padecimiento psíquico?

—Hablábamos de eso en el break del almuerzo, de que no estamos preparados para todo. Primero tenemos que trazarnos nosotros los límites, para saber qué pacientes estamos en condiciones de abordar. Estábamos

15. *XII Congreso Argentino de Acompañamiento Terapéutico*, que tuvo lugar en la ciudad de Mar del Plata, en diciembre de 2016.

hablando mucho en todo este Congreso sobre la Ley, pero también nosotros mismos tenemos que poner cierto límite en relación a la función del AT, y poder decir que no, y poder derivar a otra persona cuando lo que nos piden que hagamos no tiene que ver con nuestra función[16].

Está bien, ese es un punto muy importante, y retomo lo que decíamos más temprano en otro espacio, en cuanto a que no esperemos de la ley que nos regule la *Ética*, no esperemos de la ley que nos regule el *«Saber hacer»* en la clínica, ni los objetivos de intervención. La ley va a regular ciertas cuestiones administrativas, está llamada a delimitar algo en relación a los umbrales necesarios de formación para que alguien sea reconocido como *AT*, y otras cuestiones que se pueden situar yo diría más bien en el ámbito administrativo y laboral. Por supuesto que eso incluye también la delimitación de ciertas coordenadas deontológicas, éticas y clínicas. Pero no esperemos que la ley delimite también cuándo y hasta dónde un acompañante está en condiciones de asumir cierta responsabilidad en determinado caso —o con determinada población de pacientes— y cuándo no. Hay algo ahí que me parece importante en lo que situaban recién, y es que no sólo hay determinadas intervenciones que exceden las incumbencias del *AT* —que se sitúan más bien como propias del *cuidador* o del *enfermero*, por ejemplo—, sino que uno también puede atravesar ciertos momentos en que está más sensible a determinadas cosas, y hay algunos casos que en circunstancias así conviene no atender. Eso no lo va a reglamentar ninguna ley.

Pero a ver, estábamos con los *objetivos terapéuticos*.

Bienvenidos los objetivos terapéuticos como punto de referencia, ¿no? Porque siempre conviene tener algún punto de referencia cuando somos convocados a intervenir. Ahora bien, como decíamos —aún con todo el respeto por quien nos convoca a intervenir, y con la mayor sutileza del mundo—, esos objetivos requieren validación. ¿Son precisos, esos objetivos? ¿Se ajustan al caso? ¿No se ajustan? ¿Son fantasiosos? ¿Son nazis...? Pueden tener distintos aromas y fachadas los objetivos terapéuticos. Pero lo cierto es que resulta mucho más inquietante cuando no hay ninguno, cuando no hay ninguna orientación, cuando la convocatoria es: *«... bueno, vamos a empezar un acompañamiento a ver qué pasa...»*. Resulta un poco más inquietante, porque cuando esto se plantea de este modo, suele ser indicador de que no hay allí ni la más mínima lectura

16. Intervención de un participante en contexto del Mini-curso: *«Acompañamiento Terapéutico, transferencia y dirección de la cura», XII Congreso Argentino de Acompañamiento Terapéutico*, Mar del Plata 2016.

del caso. No obstante, si a pesar de ese vacío inicial de objetivos, luego se da lugar a que en el espacio del acompañamiento se ponga a madurar alguna mínima demanda por parte del sujeto, las cosas pueden de todos modos marchar muy bien.

Como decía, nos encontramos en el momento de la demanda inicial, con los objetivos terapéuticos iniciales, y ahí nos tenemos que poner a desmalezar los distintos imperativos en juego: los institucionales, los familiares, los superyoicos. Superyoicos muchas veces también del lado del equipo, del terapeuta, y ¿porqué no? de los mismos *AT*. En donde muchas veces, además, los *Superyó* de los psiquiatras y los terapeutas piden curas exitosas, y empujan a los usuarios a algo para lo que todavía no están listos. Por otra parte, cada disciplina, cada especialidad está en tensión con sus propios imperativos específicos, que pueden muy bien devenir en *imperativos de goce* en los que se pierde el registro del sujeto, y se obtura, en consecuencia, su condición *deseante*.

Llegados a este punto, conviene introducir algunas cuestiones muy importantes, que nos permitirán empezar a poner en conexión lo que venimos desarrollando respecto del inicio de los acompañamientos y el establecimiento de objetivos, con los conceptos de *transferencia* y *dirección de la cura*.

Sobre la configuración del dispositivo, y el *«cálculo»* de la angustia

Para avanzar un poquito más en este recorrido, me gustaría detener ahora nuestra atención en uno de los acontecimientos más sorprendentes de la clínica, de cuya captación y resolución depende de manera decisiva la eficacia de la intervención: ¿porqué los momentos de las interrupciones, de los sabotajes más violentos por parte de algún integrante del grupo familiar, ocurren tan frecuentemente justo cuando el proceso terapéutico parece estar marchando muy bien? A modo de ilustración, les propongo examinar el caso presentado en San Pablo por Maria Tereza de Castro Piedade, en el marco del *XI Congreso Internacional de Acompañamiento Terapéutico* bajo el pintorezco título de *«El baile de salón»*. El desenlace —como podrán apreciar en la lectura del material—, si bien puede resultar sorpresivo, no es para nada infrecuente. Por el contrario, hasta podríamos afirmar que es algo que se verifica clínicamente con suma asiduidad.

Recuerdo también un caso en el que trabajé hace muchos años, que casi lo propondría como paradigmático. Se trataba de *Maxi*, un niño de unos 10 / 11 años, quien venía de sus tratamientos anteriores con un diagnóstico de *retraso mental profundo*. Era en verdad un pequeño diablillo, que no se quedaba quieto ni por un instante, y a modo de juego, además, pellizcaba a quien se le pusiera al lado. Parece que eso era una especie de juego que había introducido su padre, sólo que este niño no controlaba la fuerza con que lo hacía, por lo que sus pellizcos en verdad resultaban muy molestos, en ocasiones incluso dolorosos. En el momento en que se solicitó mi intervención como *AT*, el objetivo era que pudiera acompañarlo en los traslados entre su casa y la institución a la que se estaba incorporando, una *Clínica de Día* con orientación recreativa. Si bien jamás había pronunciado ni una sola palabra, su madre aún conservaba la esperanza de que algún día él comenzaría a hablar. Durante un par de meses el acompañamiento se realizó en su domicilio, incluyéndose progresivamente salidas por el barrio, mientras se iba afianzando el vínculo entre el niño y su acompañante. Paralelamente, los padres tenían entrevistas en la institución, a la que también llevaban a *Maxi* para que se fuera familiarizando con el lugar y con sus futuros compañeros.

Transcurrido ese tiempo, se consideró que era hora de hacer la primera prueba, y las cosas funcionaron muy bien...!!! Salvo por un pequeño detalle: al regresar a su domicilio, nos recibe su padre, con la noticia de que la mamá de *Maxi*, apenas nos habíamos ido, se vio afectada por una súbita hemorragia vaginal, de la que le llevó una semana recuperarse. Durante los días subsiguientes, se suspendieron las entrevistas familiares, la adaptación a la institución, y también el acompañamiento, abriéndose un paréntesis de final abierto, en el que parecía que todo se vendría a pique. Afortunadamente, el vínculo transferencial establecido previamente con el director de la institución y con el acompañante, posibilitó abordar luego lo acontecido, pudiendo retomarse la intervención y haciéndose posible al cabo de algunas semanas más la inclusión de *Maxi* en el dispositivo institucional. La lectura que en ese momento se hizo del caso, es que para la madre, ese movimiento de separación que el niño pudo lograr, había resultado casi literalmente como un desgarramiento en lo *real*...!!!

Lo cierto es que lejos de ser una excepción, es por el contrario harto frecuente que cuando los acompañantes, el analista, el psiquiatra y el resto del equipo tratante piensan: «*Que bien que está marchando esto…!!!*», es justo el momento en el que ¡zas..! se interrumpe el tratamiento. Pero ¿cómo podemos entenderlo? ¿Podríamos prevenirlo? ¿Hay alguien que se anime a ensayar alguna explicación…?

—En realidad yo creo que es porque ya no está el depositario del problema, porque si yo corro a ese sujeto, lo corro del foco, cuando ya está haciendo avances, ¿a quién le echamos la culpa sobre los problemas que hay a nivel familiar? Tiene que haber alguien que sea depositario de todo eso que no funciona, y es generalmente la persona que está sufriendo alguna patología o alguna enfermedad.

Está muy bien, pero propongo hacer un pequeño giro en relación a lo que decís: parece que sí, que das en el clavo, que hay ahí algo que sorpresivamente se precipita a partir de que las cosas empiezan a marchar bien con ese sujeto, en el que estaba cristalizada toda la problemática familiar. De pronto ese, el que no podía, el estaba siempre mal, el que hacía berrinches, el que nos arruinaba la vida, de pronto está cambiando de lugar…!!! Pero no es la culpa, sino ***la angustia*** lo que se empieza a movilizar. Se empieza a movilizar la angustia, y ***pide implicación***. Y justamente por eso, cuando se empieza a vislumbrar que el sujeto tiene la potencialidad de salirse de esa posición que venía ocupando quién sabe desde cuándo —incluso tal vez desde antes de su nacimiento—, es justo en ese momento, que se empieza a mover algo de la angustia familiar. El cambio de posición del sujeto en la escena familiar resulta disruptivo, moviliza algo ciertamente insoportable. Entre otras cosas, porque abre una pregunta fuerte sobre la implicación de cada uno de los actores del elenco en el sostenimiento de la fijeza de esa situación de la que, supuestamente, se desea salir. Por eso, cuando la angustia movilizada en el grupo familiar pide implicación, es como en el juego del *«huevo podrido»*, ¿no? Lo insoportable de esa angustia movilizada, se lo queda el distraído. Con el riesgo de que *el distraído* pase a ser el equipo tratante, si no se puede prever desde el comienzo cómo alojar algo de lo insoportable que la angustia moviliza, ofreciendo a su tiempo alguna vía de elaboración y tramitación.

—El AT viene a hacer un cambio importante, rompe con toda una estructura...

A ver… Si el AT pretende *«romper»* con toda la estructura, lo más probable es que se rompa antes el acompañamiento. Entonces, fíjense que si se produce esa ruptura, es que algo quizás no pudimos leer muy bien en el nivel del ordenamiento del dispositivo y del manejo de la transferencia. Vale decir, se está pasando por alto ese cálculo que Lacan, en el comienzo mismo del *Seminario 10*, plantea como esencial para que las cosas puedan marchar: *«Está, en efecto, en la lógica de las cosas, es decir, de la relación que tienen ustedes con su paciente. Sentir la angustia que el sujeto puede soportar los pone en todo momento a prueba»*. Obviamente, ese cálculo de la angustia se complejiza bastante en el abordaje multifamiliar. Pues ya no se trata simplemente de calcular el monto de angustia que puede soportar el sujeto.

—Yo no digo que la ruptura sea con el paciente, la ruptura es con el que boicotea el trabajo que se está haciendo con el paciente...

Bueno, pero cuando eso se produce es que hay un monto de angustia que no se está calculando muy bien, y no se lo fue pudiendo procesar a tiempo. Por otra parte, el que boicotea, es a menudo al mismo tiempo quien solicitó nuestra intervención, y quien, además, la sostiene económicamente...!!! El problema es que mientras esa ambivalencia afectiva permanezca fuera de todo registro conciente, es en vano esperar algún reposicionamiento de parte de la madre, el padre, o de quién sea. Sobre esto, Freud señala algo que es muy interesante, algo que él empieza a articular en relación a *la transferencia* y la *pulsión de muerte* —que es un término que ayer lo escuché nombrar muy a la ligera, pero que sin embargo es importante poder articularlo con mucha precisión con lo que estamos abordando hoy. Lo que dice Freud es que *si convocamos a los demonios, después tenemos que saber qué hacer con los demonios*. Lacan lo dice de un modo más poético, él habla de *«la beldad detrás de los postigos...»*. Allí —esto hay que saberlo— nuestra propia *presencia* es la carnada para tentar a los demonios, a la beldad, o a la bestia —como ustedes prefieran llamarle—, para que en su despliegue —en transferencia— de pronto nos atraviese y nos envuelva.

Pero ese es recién el comienzo. Porque lo cierto es que no invocamos a *«eso»* para después salir corriendo asustados apenas se presenta, sino para verle la cara, para interpelarlo. Pues recién allí podremos medir cuáles son las fuerzas con las que estamos lidiando y comenzar a orientarnos acerca de aquello sobre lo que estamos convocados a intervenir. Y si cuando *«eso»* por fin se despliega, no sabemos qué hacer —porque uno no tiene porqué saber siempre qué hacer—, al menos tenemos que estar advertidos de que necesitaremos tener la paciencia y el temple suficiente para soportar la situación, para ganar un tiempo —como propone Gerard Pommier[17]—, hasta saber qué hacer. Esto del *«Saber Hacer»*,

17. Pommier, G. *La transferencia en la psicosis*, Buenos Aires, Kliné, 1997.

es un punto muy importante que luego valdrá la pena retomar. Pero lo que interesa situar aquí es que en el momento mismo del inicio de la intervención —aún antes, podemos decir: en el momento mismo de la *«solicitud de intervención»*—, tenemos que tener la prudencia suficiente para medir si aquello que vamos a movilizar, estaremos luego en condiciones de contenerlo. Y, por supuesto, empezar a pensar cómo vamos a instrumentar las instancias necesarias para que el dispositivo se corresponda con los requerimientos del caso. De lo contrario, toda la intervención entrará en serio riesgo de resultar fallida. Desafortunadamente, no siempre es posible descifrar estas cosas a tiempo. Y, por otra parte, nada nos garantiza que, al momento de esclarecerlas —no importa cual sea ese momento— se apaguen súbitamente las luces del salón, y se de por terminado el baile.

De todos modos, lo que interesa destacar aquí es que si vamos a movilizar angustia —y ya sabemos que es así—, tenemos que tener la precaución de empezar a implementar, paralelamente, alguna instancia del dispositivo destinada a elaborar con cada uno de los integrantes del elenco familiar sus propios puntos de angustia, para intentar que en el momento en que se logre un reposicionamiento del sujeto y se produzca cierto cimbronazo en la escena, eso no implique una ruptura, por ejemplo, de parte de los padres, o alguno de los hermanos[18]. Entonces, si no hay posibilidad de anticipar esto en el mismo momento de la *«solicitud de intervención»*, en el mismo momento en que empezamos a pensar el caso, si no tenemos la prudencia de saber que vamos a invocar a los demonios —o a la beldad—, de saber que vamos a movilizar angustia de una magnitud que no podemos medir todavía, si pensamos que vamos a poder contener lo que todavía no sabemos medir, entonces corremos el riesgo de que apenas se empiece a movilizar algo de eso, justo a la madre se le ocurre concluir el acompañamiento, o cambiar a su hijo de institución, o empieza a haber una serie de pequeños boicot que van gene-

18. Muchas veces se suele enfocar todo en la relación con la madre, o el vínculo con el padre, pero con frecuencia hay también un condimento decisivo en la causación de la psicosis —y otras patologías graves— que tiene que ver con la problemática del doble: por ejemplo, lo insoportable de compartir con *otro* cierto lugar en la escena familiar, y en algunos casos no hay posibilidad de resolver esto saludablemente. Mucho menos si se trata del lugar de un muerto, como en los casos en que se pone al niño o a la niña el nombre de un hermanito que falleció al nacer, o elegido en el transcurso de un embarazo perdido. Y muchas veces, para que el sujeto con el que estamos trabajando empiece a poder tener algún lugar, algo tiene que reacomodarse, por ejemplo, en relación al lugar de los hermanos.

rando una tensión creciente, en donde empieza a empantanarse el caso de una manera en que ya no se sabe para donde va.

Digo esto, porque fíjense que en el momento mismo de la *«solicitud de intervención»*, se empiezan a desplegar aquellos elementos que nos dan un primer acceso para empezar a captar la lógica del caso, y para empezar a pensar a partir de alli como configurar el dispositivo con el que vamos a abordarlo. Si de estrada imponemos un dispositivo pre-modelado, corremos el riesgo de aplastar toda posibilidad de lectura. ¿Se entiende? Solo lograremos —apenas por un tiempo— sofocar la angustia.

Por eso, cuando hablamos de *ordenamiento*, esto no quiere decir ordenar un dispositivo igual para todos los pacientes. Por el contrario, ese momento inicial nos empieza a abrir preguntas respecto de cómo tenemos que empezar a pensar, en cada caso, la configuración del dispositivo[19], para que en el momento en que nuestras intervenciones empiecen a tener eficacia —que ya sabemos que la tienen, no hace falta que nos lo digan—, tengamos alguna previsión sobre cómo vamos a contener y tramitar lo que movilizamos allí. Pero... ¿Corresponde al acompañante terapéutico la producción de este ordenamiento?

Acerca de *la dirección de la cura*

Como podrán apreciar a través del recorrido que fuimos realizando, desde el inicio mismo de la solicitud de intervención se ponen en juego una considerable diversidad de factores de suma complejidad, cuya adecuada articulación resulta a menudo decisiva para el devenir de cada tratamiento. Cabe aclarar que cuando hablamos de *«inicio»*, no hablamos de los tres primeros días, ni de dos semanas, ni de un mes, no estamos planteando las cosas en términos cronológicos, o de etapas. Nos interesa conceptualizar ese momento inicial en términos lógicos, por ser un momento crucial a partir del cual se comienza a inferir, a configurar, a construir la lógica de la cura, tanto en términos *técnicos* —en el nivel de la táctica y la estrategia—, como en sus dimensiones *ética* y *política*. En esta perspectiva, entonces, el inicio de la intervención podemos conceptualizarlo como el período de tiempo necesario para dar lugar a que

19. Flory, A.; Schubert, J.; Yujnovsky, N; *Un dispositivo para cada sujeto*, texto publicado originariamente en Flory, A.; Montini, A. (Comp.); Trazar con otros. Experiencias de Hospital de Día. Hospital Escuela de Salud Mental, Paraná, Editorial de Entre Ríos, 2012. Disponible on-line en la PlazAT, la revista digital de los acompañantes terapéuticos Nro. 3, Marzo de 2018.

en este nuevo escenario *«terapéutico»* —que inauguramos con la puesta en marcha del dispositivo, es decir, con nuestra *presencia*— se produzca algún movimiento disruptivo, que nos posibilite descubrir dónde se traba la rueda, porqué se vuelve siempre al mismo lugar. Es el tiempo que necesitamos para poner en valor aquellos indicios que, en su insistencia, se vuelven señal. Las notas discordantes, los pequeños detalles que no encajan, que desentonan en la escena, pero que sin embargo constituyen nuestra vía de acceso privilegiada para la captación del trasfondo que sobredetermina ese *montaje* —vale decir, la situación sobre la que fuimos convocados a intervenir. *Montaje* que, por otra parte, está compuesto habitualmente de piezas de lo más bizarras y heterogéneas, pero cubiertas de un logrado envoltorio de *«normalidad»*.

En este contexto, lo que nos interesa abordar aquí, en primer lugar, es *cómo establecer nuestra presencia en la escena*, y cómo sostenerla durante el tiempo necesario para ir haciendo visible el *fantasma* que comanda su trama. Que a menudo no es, precisamente, el fantasma del sujeto, pues para que éste llegue a constituirse de manera más o menos lograda, hay una operación de por medio que —en el mejor de los casos— aún no ha tenido ocasión de realizarse. Obviamente, es imposible esclarecer todo esto en el momento inicial, porque para poder hacerlo necesitamos no de una situación, sino de una secuencia de situaciones que nos permitan captar —en su aparente sinsentido— *eso* que insiste en la escena, y que no puede dejar de repetirse.

Pronto vamos a ponerle nombre a *«eso»*. Pero antes de seguir avanzando, quisiera hacer un breve comentario a propósito de ciertos pronunciamientos que se vienen escuchando en los últimos tiempos respecto de *la dirección de la cura* y *la posición del AT* que me parecieron muy interesantes, y que siempre nos permiten refrescar nuestro pensamiento y nuestra labor. En primer lugar: ¿qué entendemos por *dirección de la cura*? Ante todo, es importante aclarar que el texto de Lacan, *La dirección de la cura y los principios de su poder*, es en realidad una intervención relativamente temprana en su recorrido, apenas de 1958. No es sin embargo una expresión que él haya abandonado, muy por el contrario. Pero es preciso advertir que en ese momento Lacan no contaba aún con una serie de herramientas conceptuales que resultan sin embargo indispensables para orientarnos en nuestro trabajo clínico, pero que fueron desarrollándose tiempo después. Ahora se nos hace difícil —al menos desde la perspectiva psicoanalítica de orientación lacaniana—, pensar la clínica sin la noción de *fantasma*, por ejemplo, o sin el *objeto a*, el *semblante*, o la noción de *Sinthome*. Pero sin embargo, hay ya en ese texto un esclarecimiento ético y una orientación clínica muy importantes, que mantienen plena vigencia. Es preciso advertir también que no encontraremos en Lacan ningún desarrollo o esclarecimiento técnico respecto de cómo pensar la dirección de la cura en el contexto de un abordaje múltiple, y mucho menos respecto de la inclusión de acompañantes terapéuticos. Es por lo tanto, un tema en el que resulta indispensable seguir avanzando en su desarrollo e investigación. Y, de todos modos, creo que vale la pena mantener esta pregunta abierta: ¿qué entendemos por *«dirección de la cura»*?

Lo que se escucha en las distintas jornadas y congresos, es que al intentar situar la *posición del AT*, o establecer el modo de articular ese espacio respecto de la *dirección de la cura*, se producen todo tipo de polémicas, encerronas y extravíos que dan lugar a algunas confusiones de considerable magnitud. Se hablaba en la *Jornada de Paraná*[20], por ejemplo, de la incomodidad que se genera cuando el acompañante terapéutico parece ser tratado como *«el pibe de los mandados»*. Entonces aparece como contraparte: *—A mí, nadie me va a dirigir…!!!* Pero en este punto, conviene preguntarse: ¿el acompañamiento es una intervención por completo autónoma respecto del psicólogo, el psiquiatra, y los demás profesionales intervinientes? Por otra parte: ¿es necesario que alguien dirija la cura? Ojo, esto no lo pregunto como chicana desde una tribuna política, lo estoy planteando como un problema clínico: ¿por qué alguien tiene que dirigir la cura? ¿O no tiene que dirigirla nadie, y las decisiones acerca de *dónde va la cosa* salen simplemente de la posibilidad de cada equipo de llegar a un consenso? ¿La dirección de la cura es una cuestión de *consenso*? De lo que se desprende una pregunta fuerte: ¿el acompañante terapéutico, puede dirigir la cura?

Esto es algo interesante, que se pone de relieve como un rasgo muy singular entre algunos de los acompañantes terapéuticos brasileños, particularmente en San Pablo, en donde buena parte de ellos son psicólogos con títulos de posgrado, tienen una sólida formación en psicoanálisis, y en algunos casos toman acompañamientos terapéuticos en forma autónoma: realizan las entrevistas con los padres, con el psiquiatra, con el dispositivo institucional —en caso de que lo hubiera— pero no se piensan ni se nombran como psicoanalistas, sino como *AT*. Hemos tenido varias conversaciones sobre esto con algunos colegas paulistas como

20. Jornada en 2 movimientos: *«Acompañamiento Terapéutico y Universidad Pública. Experiencias de formación: UADER / UNR»*, que se desarrolló los días 11/08/17 en Paraná, y 1/09/17 en Rosario. Actividad preparatoria para el *«XI Congreso Internacional de Acompañamiento Terapéutico»*.

Mauricio Hermann —entre otros—, y la pregunta que se me ocurría es: —*Bueno, pero en ese caso ¿son acompañantes terapéuticos, o están operando en verdad como analistas? ¿O es que, presentándose como AT, se están autorizando a realizar ciertas intervenciones que resultarían «cuestionables para un psicoanalista», que quedarían* —al menos para algunas congregaciones y capillas lacanianas— *fuera del setting del psicoanálisis?* Y entonces, esas intervenciones que implican salir a la calle, o ver al paciente en la casa, y a la madre bajo un árbol de la plaza, que no se corresponderían con la caricatura del psicoanalista, se ajustan mejor a la figura del acompañante. Me parece que son cuestiones a pensar, porque entonces ahí sí, habría un acompañante terapéutico dirigiendo la cura. Y ojo: en muchos casos, con muy buenos resultados...!!! Estamos hablando de colegas muy bien formados, y no es que están improvisando, o haciendo cualquier cosa. Simplemente, se autorizan como *AT* en cierto nivel de intervenciones que, desde cierta pacatería académica, muy propia de las *«Escuelas de Psicoanálisis»*, serían inaceptables para un psicoanalista.

Traigo a colación este rasgo particular de algunos de los acompañantes terapéuticos brasileños, porque ahí nos encontramos con una puesta en tensión muy interesante del asunto, que nos permite introducir otras preguntas. Por ejemplo, cómo repensar desde el psicoanálisis el concepto de *abstinencia*, o cómo situar los límites de la autonomía del acompañante terapéutico, retomando lo que planteaban Heraldo Cabaña[21] y Cecilia López Ocariz en esa misma *Jornada*. ¿El acompañante terapéutico tiene que estar todo el tiempo *pidiendo permiso*? Vamos a pensarlo también desde otro costado: ¿Qué es lo que hace límite? ¿Hay algo que haga límite a su autonomía, en las intervenciones del acompañante terapéutico? Porque la *creatividad* es muy importante, la *autonomía* es hermosa, pero en cuanto erramos el tiro con nuestras intervenciones, las consecuencias pueden resultar catastróficas. Entonces, podríamos decir que con *autonomía y creatividad* no siempre alcanza para cocinar un buen pastel en el campo del *Acompañamiento Terapéutico*. Con esos únicos dos ingredientes es muy probable que no cocinemos un buen pastel.

Creatividad y *Autonomía* son dos palabras muy potentes, muy seductoras, pero que nos pueden conducir al extravío si no logramos conjugarlas con algunas otras herramientas que nos permitan hacer una lectura de conjunto, en perspectiva, sobre lo que está sucediendo en el aquí y ahora de nuestra intervención. Porque cuando podemos hacer alguna

---

21. Presidente de la *Asociación de Acompañantes Terapéuticos del Paraná.*

lectura de lo que está sucediendo ahí, en el trasfondo, nos damos cuenta de que la creatividad sí hay que aplicarla, pero no para cualquier cosa, ni en cualquier momento y dirección. Nos enteramos de que la autonomía que tenemos es sin dudas muy limitada, pues nos vamos encontrando a cada paso con ciertas fuerzas que van a contramano de los objetivos trazados, condicionando —a veces drásticamente— nuestra pretendida autonomía, de la misma manera que condicionan y restringen todo lo relativo al campo del *deseo*, en aquellos sujetos en relación a los que estamos interviniendo. Descubrimos entonces que, en ese montaje, pasamos de pronto a formar parte del elenco, a tener un papel en la trama. Y una vez allí, somos también testigos privilegiados —pero fundamentalmente, partícipes— del despliegue de una secuencia en la que no se pueden dejar de repetir siempre las mismas escenas.

Cuando decimos que *no se pueden dejar de repetir las mismas escenas* de las cuales somos, además *partícipes*, estamos conectándonos con ciertos conceptos que ahora sí, nos hacen apelar de manera indispensable al campo del psicoanálisis.

La *Otra Escena*: compulsión de repetición, mecanismos de goce y pulsión de muerte

Como recién señalábamos, hay conceptos acuñados por el Psicoanálisis que no tienen lugar en otros campos teóricos. El concepto de *compulsión de repetición*, por ejemplo, en otras corrientes psicológicas no tiene existencia: no hay *compulsión de repetición* en el andamiaje conceptual de la teoría *sistémica*, ni del *conductismo*, ni del *esquizoanálisis*, ni en ningún otro campo. No obstante, podemos inferir que si la *compulsión de repetición* no tiene ningún estatuto conceptual en estas distintas corrientes de la *Psicología*, esto es el correlato de la absoluta falta de registro —por parte de las mismas— sobre ese nivel de la experiencia clínica que se caracteriza por la *insistencia* de palabras, afectos, acciones y escenas que irrumpen a contramano de las *buenas intenciones* manifestadas por el sujeto y su entorno familiar respecto de su participación en el proceso terapéutico. Pero fíjense qué interesante: el psicoanálisis no contó desde el inicio con esa herramienta conceptual, sino que ella es más bien el fruto de la captación, de la observación clínica de esas insistencias como *acontecimientos subjetivos* inalienables de la experiencia.

Pero empecemos por el concepto de *pulsión*, que es de por sí un concepto muy complejo. Freud mismo señalaba que no podemos situarlo a la base de nuestras construcciones teóricas, sino que por el contrario, está en el más alto nivel de fragilidad conceptual, en ese inasible borde entre *lo psíquico* y *lo somático*: en el cruce del lenguaje con el cuerpo. Desde el inicio, concibe *lo pulsional* en términos de un *dualismo*, entendiendo así al *padecimiento psíquico* como el resultado de una resolución fallida, por parte del sujeto, del conflicto entre sus propias instancias psíquicas, allí donde ciertas *mociones pulsionales* lo empujan insistentemente en dirección contraria a su deseo. En la medida en que fue avanzando en el desarrollo y conceptualización de su experiencia clínica, Freud fue reformulando también los términos de ese *dualismo pulsional*. Finalmente, en 1920 introduce la *pulsión de muerte*[22], pero es un concepto que venía cocinando a fuego lento, cuya preparación comienza a acelerarse a partir de situar, en *Recordar, Repetir y Reelaborar* (1914) la *«compulsión de repetición»*. ¿Qué entendemos por *compulsión de repetición*? Se trata de ciertas mociones pulsionales que, con la apariencia de representar un *deseo*, se imponen al sujeto, configurando cada uno de los escenarios por los que transita bajo ciertas coordenadas que *no puede dejar de repetir*. Desde Lacan, podemos también situar tal estado de cosas en términos de *«división subjetiva»*.

Les voy a contar una pequeña fábula, a modo de ilustración. Imagínense que un chico que les gusta —a alguna de las colegas solteras que hoy nos acompañan—, luego de un tiempo de encuentros eventuales y conversaciones, finalmente se decide y la invita a salir. Arreglan una primera cita, y él la invita al cine. Con la ilusión y expectativa de la primera vez, se encuentran alborozados, pronto se ponen de acuerdo en la elección de la película, todo marcha sobre ruedas. Van al cine, compran palomitas, nachos o lo que más les guste, miran la película, luego van a tomar algo, y finalmente él la acompaña hasta la casa, le da en el umbral un beso de primera cita —entre tímido y apasionado—, se dicen buenas noches y él, como un caballero, se retira apenas ella traspone el umbral. Entonces la chica llega a la casa, y corre a contarle todo a sus amigas:

—*Qué caballero... fuimos al cine, me compro palomitas....*

Desde ese momento, ella queda a la espera. El llamado llega puntualmente entre martes y miércoles como corresponde (risas), y arman un programa para la semana que viene...

—*¿Qué hacemos...?* —pregunta ella.

—*Vamos al cine...!* —responde el muchacho sin vacilaciones.

—*Bueno, vamos al cine...!!!*

22. Freud, S.; *Más allá del principio del placer* (1920).

Entonces otra vez se encuentran, van al cine, compran palomitas, unas coca-colas. Van a ver otra película, por supuesto. Luego salen, van a tomar algo, él la acompaña hasta la casa, le da un beso en el umbral parecido al anterior, y se va. ¿Quieren saber cómo termina esta historia? Imaginensé...!!! A la tercera vez que el tipo la invita al cine, compran palomitas, salen, van a tomar algo, él la acompaña hasta la casa, besito en el umbral, ella llega a casa y corre a comentarles a sus amigas:

—Me parece que no le gusto... Yo no sé, ¿me va a llevar siempre al cine?

A la cuarta vez que invita a la muchacha al cine, este joven se encuentra que del otro lado ella le dice:

—Mirá, no, qué pena, tengo el cumpleaños de una amiga.

Al sábado siguiente prueban de nuevo, la lleva otra vez al cine y chau, nunca más. Entonces él, pasados un par de meses de esta situación, y luego de varios intentos en que ella ya ni le responde los mensajes, se pregunta en su espacio de análisis: *«No sé porque ninguna mujer quiere tener una relación seria conmigo»*. Entonces, la *compulsión de repetición* es aquí eso que con la máscara del deseo —porque aparentemente, tiene muchas ganas de ir al cine el hombre, no?—, encubre algo que lo empuja en otra dirección: pues resulta que al cabo de cierto tiempo, nos damos cuenta de que en realidad, más que gustarle, no puede dejar de ir al cine...!!! Por supuesto, pronto se revela también que ese mecanismo de repetición está al servicio de evitar el encuentro, en el nivel del erotismo, con una mujer. Entonces, si lo examinamos bajo las coordenadas del *dualismo pulsional* propuesto por Freud, nos encontramos con que su deseo va en la dirección de formar una relación estable; ahora bien, hay ***algo*** que no sabemos por qué lo empuja decididamente en dirección contraria, y no hace otra cosa que sabotear aquello que, sin embargo, enuncia como su mayor deseo. A ese *dualismo pulsional*, Freud ensayó representarlo de distintas maneras, y en su último intento por nombrar esas mociones inconcientes del sujeto que atentan contra sí mismo, les puso el nombre de *pulsión de muerte*. En el caso de este muchacho, todo parece indicar que se trata de una neurosis, y bien puede aventurarse que resultará allí suficiente con la intervención de un analista para encauzar sus asuntos por los carriles deseados. En los casos en los que suelen ser convocados a intervenir los acompañantes terpéuticos, por el contrario, las cosas suelen complejizarse bastante.

¿Qué nos encontramos ahí, en cada caso, desde el inicio mismo de nuestras intervenciones, en plena tensión con el deseo del sujeto y su entorno familiar? Con *la compulsiva insistencia de ciertas escenas que no se pueden dejar de repetir*. Compulsión sobre la cual, además, el elenco familiar no tiene siquiera el menor registro. En este punto, creo que es necesario enfatizar una distinción muy importante, pues tanto la situación a la que el acompañante terapéutico está llamado a intervenir, como los distintos escenarios en que transcurre el tratamiento, tienen un carácter de *montaje*. Montaje que, por otra parte, está compuesto habitualmente por piezas de lo más bizarras y heterogéneas, pero cubiertas de un logrado maquillaje de «normalidad», muchas veces al servicio de velar el ominoso contenido que, sin embargo, comanda de manera imperceptible su trama. A ese destino trágico, a esa ensamble argumental que sordidamente mueve con tensores de acero invisible a cada uno de los actores en el cuadro, propongo llamarlo provisoriamente: *«la Otra escena»*. Digo provisoriamente, porque es aún necesario introducir algunas herramientas conceptuales más para poder darle contenido y consistencia a esta expresión, que —al menos desde la perspectiva del Psicoanálisis— se sitúa en el centro de toda experiencia clínica.

Reescritura del lugar del *AT*, en el escenario de lo inconciente

En ese contexto, conviene que el acompañante terapéutico —tanto como cada uno de los profesionales que participan del tratamiento de un sujeto que requiere abordaje múltiple— esté advertido de que su intervención, desde el inicio, va a necesitar de mucha pericia, de cierta astucia también, pues al mismo tiempo que la partida se juega en el aquí y ahora de los asuntos cotidianos, se apunta fundamentalmente a poder captar esos otros elementos disruptivos que se presentan como obstáculos, pero a los que no podemos dar el valor de meros *«accidentes»*. Por el contrario, esos detalles que no encajan en la escena son precisamente nuestra vía de acceso privilegiada al escenario de *lo inconciente*. Indicadores que, de no ser atendidos, se van presentando cada vez con mayor estridencia, en ese vertiginoso movimiento de apertura y cierre que describe Lacan, y que sólo es posible captar *en* transferencia. Esto es, no simplemente *«observando la escena»*, sino a partir de quedar de pronto enredados en ella.

Allí, el dispositivo —del que el acompañante terapéutico es parte— por supuesto que se ofrece para atender los requerimientos y objetivos terapéuticos del caso, pero a sabiendas de que para que esa intervención sea eficaz y posibilite algún reposicionamiento subjetivo, es necesario ganar un tiempo —como dice Gèrard Pommier en *La transferen-*

cia en las psicosis (Pommier, 1997)—, el tiempo que lleva detectar esos tensores de acero invisible que, al servicio de la *pulsión de muerte*, condicionan todo movimiento en la escena. En cierto sentido, esto nos permite situar al dispositivo como una suerte de *trampa de caza*, a la espera no de la catarsis, sino del despliegue transferencial a partir del cual, recién allí, se podrá comenzar a inferir cual es papel que está convidado a representar en ese montaje cada uno de los profesionales intervinientes —entre ellos el *AT*. Llegados a este punto, si se fijan bien, encontrarán que fuimos introduciendo algunas palabritas que no han sido puestas al azar, sino que constituyen ciertas herramientas conceptuales que resultan cruciales a la hora de establecer las claves de lectura que nos permitirán orientarnos entre tantas estridencias que saturan el escenario de intervención, destinadas al engaño.

En cuanto a la posición transferencial del acompañante en el inicio de la intervención, podemos imaginarnos la experiencia de un actor a quién se invita a incorporarse al elenco de una comedia, pero que a poco de iniciarse la primer escena, empieza a notar ciertos gestos y palabras bizarras intercalados sorpresivamente en el texto por los otros actores. Exabruptos que se salen del libreto y desentonan con la historia que le fuera narrada. En la medida que avanza la obra, advierte con mayor sorpresa que esos *gestos* se convierten en *acciones* cada vez más violentas, y las palabras bizarras van ganando cada vez más protagonismo, descubriendo finalmente que en esa tensión escénica se empieza a visibilizar —e imponerse— otra trama jamás comunicada, escrita en un código desconocido. Obviamente, desconoce también la historia e idiosincracia de los distintos personajes y sus relaciones recíprocas, al punto de no saber incluso quién es el verdadero protagonista alli —más allá de lo que anuncien las marquesinas acerca del supuesto protagonismo del sujeto que se lo convocó a acompañar. Lo cual plantea al menos dos interrogantes: ¿cómo determinar entonces su propio lugar en la escena? Sólo sabe que allí algo no está funcionando bien, y que se espera que a través de sus intervenciones las cosas comiencen a marchar en la dirección que le fue indicada —los objetivos terapéutcos—, y a dónde supuestamente también ese elenco familiar quiere ir. Pero por algún motivo que nadie conoce, se tropiezan entre ellos, se entorpecen el paso, y cada quien termina volviendo siempre al mismo lugar, convirtiéndose finalmente la obra, una y otra vez, en la misma vacía y ominosa tragedia. Pero entonces, ¿cómo orientar sus intervenciones para operar de manera eficaz, a fin de desactivar esas líneas de fuerza que obstaculizan al sujeto —y al elenco familiar— toda posible salida digna de ese círculo siniestro...?

Quienes tienen *Netflix* pueden ver la saga de *Bates Motel*, —son ahora cinco temporadas—, que es la *precuela* de *Psicosis*, el antológico filme de Hitchcok. En *Psicosis*, nos encontramos con el plato ya cocinado. En la serie podemos ir viendo cómo se fue preparando. Uno no puede poner en cuestión que ahí se juega algo a nivel del deseo y el amor por parte de *Norma Bates*, todo se justifica en el amor hacia *Norman* y su deseo de que él se cure y sea feliz. Porque muchas veces se confunde, uno dice: *«Ahhh... esta madre no quiere que el chico se cure...»*. No, porque no tiene que ver con el deseo, esas cosas que ella hace atentando contra la autonomía o el autovalimiento de su hijo, por ejemplo. Tiene que ver con algo que se le impone con una *consistencia devastadora* y que desde el psicoanálisis —y sólo desde el psicoanálisis— hemos podido captar y establecer conceptualmente: *los mecanismos de goce, y la pulsión de muerte*, que arrasan con cualquier enunciación de deseo.

—Y que a veces se confunde con el querer: «Te querés autodestruir...».

Se confunde con el *«querer»*, pero no tiene que ver con eso: tiene que ver con *la consistencia de una escena que al sujeto se le impone, y que no cesa de repetirse*. Que produce también cierta ganancia de placer, pero que en definitiva es un mal negocio, como los préstamos que se le piden al *Fondo Monetario Internacional*: un poquito de pan para hoy, miseria subjetiva para mañana. Con el resultado, en definitiva, de eternizar el padecimiento. Es el movimiento circular del carrusel —o tiovivo, para los españoles— que no nos lleva para ningún lado, que nos deja eternamente alienados en el mismo circuito de goce. Por supuesto, hay un goce genuino y saludable al subir a un carrusel, nos dura 4 o 5 años...!!! Pero llega un momento en que queremos manejar un triciclo o un karting, y elegir para dónde queremos ir. Bueno, si ese deseo de tomar el volante en ningún momento se produce, y un sujeto queda todo el tiempo dando vueltas en el mismo carrusel, y su familia se lamenta por esa imposibilidad de avanzar pero sigue moviéndole su andamiaje para que de siempre la misma vuelta, entonces podemos decir que ese sujeto está cautivo en cierto mecanismo de goce, como *objeto de goce del Otro*. Pero eso ya no tiene que ver con un goce ligado a alguna ganancia de placer, sino que queda situado cada vez más descarnadamente como un *goce mortífero*, del que ni él ni su grupo familiar consiguen salir.

Entonces, ¿se entiende de qué estamos hablando cuando decimos *pulsión de muerte*? Lo que se enuncia como deseo, va para un lado, por la vía que conduce hacia donde nos gustaría ir... Pero *algo* que nos habita

—sobre lo que no tenemos registro, ni sabemos qué es—, nos lleva justo para el otro lado, nos hace cruzar de vía con el tránsito a contramano. A veces prepotentemente, otras no tanto: y basta colgar delante de nuestras narices la zanahoria adecuada para que crucemos solos hacia la autodestrucción.

Y aquí, lo que tenemos que subrayar es una palabrita mágica, que nos da la clave de toda la cuestión: es el concepto de *inconciente*. ¿Qué quiere decir *«inconciente»*? Quiere decir que no se tiene ni el menor registro de ***eso*** que —con la máscara de la tragedia, o con la máscara del deseo— precipita al sujeto a repetir una y otra vez las mismas escenas. Se repite, en el más absoluto desconocimiento. Por eso, una cosa es la representación que nos es montada en el relato, la escena que se nos presenta, la situación que se nos cuenta, pero con eso aún no tenemos nada. Hasta que no empezamos a captar cuál es esa otra trama argumental invisible, sórdida, en la que no sólo el sujeto —ese que nos traen como paciente—, sino todo el grupo familiar o quienes componen el elenco estable de su vida, están capturados, estamos casi interviniendo a ciegas. Nos vamos encontrando con un núcleo de esa trama argumental que vemos repetirse una y otra vez, revelándose en esa repetición cierta estructura de consistencia ósea, que precipita a cada uno siempre al mismo lugar.

Es a esto a lo que, siguiendo a Freud, vamos a denominar: la *«Otra Escena»*. Ahora bien, sobre esa *«Otra Escena»*, nadie tiene registro: es necesario *construirla*.

¿Cómo se construye?

En transferencia.

El barón rampante...

Voy a contarles un caso en el que estoy trabajando en este momento... se podría decir[23]. Me llama una colega amiga, psicoanalista —con quien compartimos muchos años de trabajo—, y me dice que ella está atendiendo a un hombre de unos cincuenta y pico de años, que es un arquitecto —*«un adoquín»* me dice ella, en realidad— que tiene una muy buena posición económica, que trabaja para una empresa constructora que también tiene filial en Uruguay, en Punta del Este, y entonces viaja con mucha frecuencia. El tema es que este hombre hace cuatro años que

23. El caso fue presentado en la ciudad de Paraná el 11 de agosto de 2017, en el marco de la *Jornada* recién referida.

se separó de su mujer, la madre de sus hijos, *«la mujer más hermosa del mundo»* —según dice—, con quien tiene una hija de unos 23 o 24 años y un hijo de 21, que es por quien este hombre finalmente —después de más o menos un año de entrevistas con esta analista amiga mía—, accede a llamarme para ver *«qué podíamos hacer»*. Resulta que cuando este hombre se separa de su mujer —según me cuenta su analista al hacer la derivación—, toma esa decisión porque la vida en la casa se había hecho insoportable, debido a las peleas que ella tenía con su hijo. Entonces este hombre se compra un departamento, se muda, y al poco tiempo su hijo se va a vivir con él. Desde ese momento, este muchacho no sale de la casa, y nunca más habla con su madre. Hace cuatro años que no habla con la madre, y que no sale de la casa.

Me hace acordar a este personaje de la novela de Ítalo Calvino, de la trilogía *«Nuestros antepasados»*, se las recomiendo a las tres: *El caballero inexistente*, que es una armadura vacía habitada por un deseo, en la que hay también una maravillosa escena de *«amor»*; *El vizconde demediado* —sobre la que ya abordamos en el Capítulo III su exquisito tratamiento de las paradojas del *Bien* y el *Mal*; y *El barón rampante*, que es la que nos interesa aquí. Se trata de un niño de 12 años, *Cosimo Piovasco di Rondo*, quien luego de una confrontación con el padre, se trepa a una encina del bosque y ya nunca más se baja de la copa de los árboles. En el momento en que transcurre la novela, ese niño ya está en edad adulta, pero sigue subido a los árboles, no se bajó nunca más. Por suerte para él, era una época en que todavía abundaban los bosques.

Volviendo a nuestro *Cosimo*, hace cuatro años que está encerrado en ese departamento, en el que convive con su padre. Hace muy poquito tiempo que accedió a hablar con la hermana, a la que en un principio la acusaba de ser cómplice de la madre: cómplice en el hostigamiento y el encierro al que esa madre los sometió durante toda la vida. Ahí había un padre que con los viajes y todo eso, parecía un padre distraído. Cuando esta colega amiga mía me llama para ver qué hacemos con ese muchacho, todas las propuestas de empezar un tratamiento, una terapia o lo que sea nuestro *Cosimo* venía rechazándolo, y entonces ella, que sabe que yo trabajo vinculado al campo del *Acompañamiento Terapéutico*, me dice: *«¿Che, y si le ponemos un acompañante?»*. En principio, le dije que vamos a ver, que le pase mi teléfono al padre. El padre estuvo como dos semanas para decidirse, y al final me llamó. Otras dos semanas para arreglar una entrevista, y finalmente vino.

Fíjense qué interesante: estamos hablando de que hace cuatro años que está este muchacho encerrado en su habitación, que no habla desde ese momento con la madre, que el padre por su parte tarda un año de análisis hasta que se decide a hacer algo, y que cuando se decide a hacer algo tarda un mes hasta llegar a consulta. Pero cuando tenemos la primera entrevista, lo que rápidamente queda expuesto es que está esperando es una solución YA! Es muy difícil decirle a un señor que está esperando una solución YA!, que tiene que tener paciencia. Es una explicación que uno mismo tiene que tener mucha paciencia para poder darla, para poder argumentarla, y para tener alguna credibilidad: que necesitamos algún tiempo, para tener unas mínimas herramientas de lectura, por ejemplo. Para sorpresa del padre, expresamente se indicó que por el momento no se intentaría nada con su hijo hasta no tener al menos un diagnóstico de situación, siendo mi propuesta realizar previamente algunas entrevistas familiares.

En ese contexto, lo entrevisté dos veces a él, después vino la madre, y vino la hermana también, y... ¿qué nos encontramos ahí? Nos encontramos con un sujeto, el padre, que no es que estaba distraído. Al contrario de eso, al cabo de esa ronda de entrevistas lo que pudimos situar es que esa madre en posición de *verdugo* venía en realidad sosteniendo una escena en la que el padre estaba absolutamente implicado. Ese encierro en el que esa madre mantenía a los hijos —del cual a la hija le costó muchísimo salirse y el hijo todavía está atrapado ahí— es una escena cuyo anclaje pudimos ir situando en el nivel de la generación anterior de la familia paterna: el hermano de su padre murió trágicamente en la vía pública, cuando tenía más o menos la edad en la que sus propios hijos fueron haciendo crisis. No es que estaba distraído el padre, sino que todo ese montaje estaba al servicio de evitar la angustia que le producía la idea de que a sus hijos pudiera pasarle lo mismo que le pasó a su hermano. Nosotros ahora estamos con la crisis de nuestro *Cosimo*, pero a su crisis le precedió la crisis de su otra hija, de la que ella pudo salir con mucho esfuerzo luego de varios años. Nos encontramos con que, en realidad, la escena que estaba sosteniendo esta mujer, supuestamente la loca, supuestamente el verdugo, era en verdad funcional al fantasma del padre.

Después de toda esta ronda de entrevistas familiares, vuelvo a citar a este hombre, a quien digo: *«Mire, ¿está preparado para escuchar lo que le tengo que decir?»*. Entonces—por supuesto, tomando solamente las cosas habladas con él, y reservándome la información adicional que me fue suministrando su analista—le propongo la siguiente hipótesis: *«Por todo esto que usted me comentó, ¿no se le ocurrió que a lo mejor esta mujer, "loca" como usted la describe, con quien sostuvo una relación de tantos años y tuvo no sólo un hijo sino dos y que mantuvo prácticamente en cautiverio a sus hijos durante tanto tiempo, no se le ocurrió pensar que a lo mejor fue funcional a sostener algo en lo que también puede estar implicado usted...? Y usted me contó de este antecedente familiar, de la muerte de su hermano en la calle...».* Y de pronto, cuando se da en el clavo, uno ve la expresión de la cara, la postura corporal nos da la señal de que acertamos en la intervención. ¿Cuál fue el resultado? Que ese padre va a la casa y le dice al hijo que él quiere que salga de ahí, que va a hacer todo lo posible para ayudarlo y que por lo menos le dé la oportunidad de ayudarlo y de tener por lo menos algunas entrevistas. Eso lo podría haber hecho hace cuatro años, no? La conclusión fue que finalmente nuestro *Cosimo* accede a tener una conversación telefónica, en principio, esto fue la semana pasada. Cuando yo lo llamo por teléfono, él me dice:

—*Bueno, pero mirá que yo no quise esto.*

Entonces le confirmo que, efectivamente, el que quiere es su papá, que lo quiere ayudar, y está muy preocupado por él. Y él, que era el que no quería hablar con nadie, simplemente, en el momento en el que el padre pudo reposicionarse, no sólo acepta la llamada, sino que terminamos hablando en detalle de lo que le pasó, de su cautiverio y de lo difícil que le está resultando encontrar la puerta de salida de ese encierro en el que ya no quiere estar.

Cuando termino esa conversación, el padre al rato me manda un mensaje y entonces le digo que todo estuvo muy bien, que estuvimos conversando con su hijo durante más de media hora, casi cuarenta minutos. Y que vamos a ir viendo con él como seguir.

Entonces, a mí me piden un acompañamiento terapéutico. ¿Qué hubiese pasado si yo le *«pongo»* un acompañamiento terapéutico, en ese momento? Lo que quiero decir es que cuando nosotros recibimos una demanda de intervención, estamos jugando el juego de *«la gallina ciega»*. Por más que nos hagan un relato de la situación, tenemos siempre que estar prevenidos de que ese relato suele ser un montaje. Es una mascarada. Que por un lado nos muestra ese dolor, ese padecimiento, y al mismo tiempo algo intenta esconder y proteger: la posibilidad de que sean desmantelados esos mecanismos defensivos que están tan fuertemente instalados, y que además tienen una función muy importante, que es mantener la angustia cristalizada, quietita en su lugar.

Lo que podemos situar ahí es que si no tenemos la posibilidad de hacer alguna mínima lectura de la *Otra Escena* a la que responden infranqueablemente esos mecanismos, estamos operando a ciegas. El problema, es que esa *Otra Escena* no es posible captarla, escanearla, a la manera en que el médico detecta una anomalía clínica a través de un estudio hematológico, una ecografía, o una tomografía computada, porque *lo inconciente* no sale en las radiografías. Esa *Otra Escena* hay que construirla. ¿Cómo se construye? Como se puede. Pero para eso —renovando la cita de Gerard Pommier—, es preciso *ganar un tiempo*, el tiempo necesario para generar las condiciones que nos permitan acceder a sus claves de lectura. El tiempo que se requiere para que *eso* se despliegue *transferencialmente* en el marco del dispositivo. Y entonces, recién ahí, a partir de poder hacer una lectura ***no*** de los síntomas que presenta el sujeto, sino de *«la escena detrás de la escena»*, recién ahí podemos empezar a pensar sobre qué interviene, y de qué manera, cada uno de los profesionales convocados a intervenir.

Ahora, fíjense que ésta es una cuestión muy interesante para pensar: ¿desde dónde se hace esa lectura que permite, no fragmentar esas distintas intervenciones, sino integrarlas, ligarlas, ponerlas —en un movimiento de conjunto— al servicio de dar lugar a algún pronunciamiento por parte del sujeto acerca de su deseo? A esa ligadura, Lacan la llama *Sinthome* y es un concepto que se lo repite pero que no se lo entiende demasiado. Pero nosotros vamos a usarlo preliminarmente para poder situar algo muy importante en relación a esa posición —que tendríamos que ver dónde ubicarla— relativa a la dirección de la cura, que permita ligar esas dislocadas instancias psíquicas, esa fragmentación que, desplegada transferencialmente, se experimenta habitualmente como fracturas o cortocircuitos del equipo y el dispositivo. Pues sólo así podremos empezar a articular las distintas intervenciones en alguna dirección, y contener de algún modo a esa familia para que pueda tramitar la angustia de modo que le permita habilitar en algún otro lugar a ese sujeto por el que se consulta. Si por el contrario, movilizamos esa angustia cristalizada y ésta empieza a desbordarse sin que hayamos tomado ninguna previsión, entonces nos encontraremos sorpresivamente con que cambiamos de juego: ya no será el de *«la gallina ciega»*, sino el de *«el huevo podrido»*.¿Quién se queda con la angustia movilizada? Se la queda el distraído...!!! Y si los distraídos somos nosotros, antes de que nos demos cuenta se interrumpe el tratamiento y listo, queda otra vez la angustia cristalizada en su lugar.

Entonces, si asumimos que con nuestras intervenciones —especialmente cuando son acertadas— vamos a movilizar la angustia familiar, tenemos que saber muy bien que será imprescindible anticipar alguna intervención a nivel familiar. Intervención que tenemos que instrumentar y calibrar muy bien antes de entusiasmarnos demasiado con los éxitos terapéuticos. Pero ¿quién conduce y articula todo ese movimiento? Esta es la pregunta que les invito a que pongamos a trabajar.

— Andrea Flory: *Luego de todo este pie que dio Gabriel, pensaba en un lugar ético, en una posición ética, yo creo que tiene que ver con el reconocimiento del otro, con el reconocimiento del sujeto. Y tiene que ver con una posición ética del equipo del profesional.*

Sí, y fíjense que hasta ahora no mencioné la palabra *Ética*, a pesar del título con que estaba anunciada mi conferencia[24]. Lo hice a propósito, para que ahora me pregunten. Efectivamente, es así, Andrea. Pero a condición de tener en cuenta que ahí el sujeto está alienado en una escena en la que todo el grupo familiar está tomado también. Por eso, como dice Leonel Dozza,[25] hay una intervención múltiple en el doble sentido de la multiplicidad, porque por un lado hay un *«equipo múltiple»*, y por otro lado hay una pregunta fuerte que se abre desde el comienzo de la intervención, respecto de la *«multisubjetividad»* que se aborda. Lo hablábamos también en Mar del Plata, en el congreso de diciembre de 2016. Por ejemplo, cuando se pide nuestra intervención, se pide para intervenir sobre el padecimiento psíquico, pero ¿sobre el padecimiento psíquico de quién? Porque a veces el sujeto no es el que está sufriendo. El sujeto por el que nos piden intervenir, en ocasiones es él quien está haciendo sufrir a toda la familia. Los que están sufriendo son los padres, o es la madre. No siempre es el sujeto el que está sufriendo.

En este caso que recién les contaba, este muchacho recién reconoce que él está pasándola mal cuando el padre puede reposicionarse, cuando puede implicarse de otra manera y recién ahí él dice: *«Bueno si, la verdad es que yo tengo ganas de salir de acá»*. Hasta ese momento nuestro *Cosimo* estuvo cómodamente instalado durante cuatro años, sin *Facebook*...¿Ustedes se imaginan cuatro años sin *Facebook*? (risas) *Whatsapp* tiene, pero no lo usa! ¿Se imaginan cuatro años con *Whatsapp*, y no usarlo? No recibir un mensaje. ¿Pueden imaginar la desolación de sus propias vidas si no recibieran un *«me gusta»* de vez en cuando en el *Facebook*, o en un mensajito de *Whatsapp*? Bueno, este muchacho estaba sentado arriba de todo eso muy cómodamente, y el que estaba sufriendo era el papá. La madre y la hermana también, sin dudas.

Entonces, la primera precaución que tenemos que tener es que cuando nos es derivado un paciente, eso no quiere decir que sepamos quién

24. Pulice, G.; *«Fundamentos éticos del Acompañamiento Terapéutico»*, conferencia dictada en la ciudad de Paraná el 11 de agosto de 2017, en el marco de la *Jornada* anteriormente referida.
25. Dozza de Mendonça, L.; *Acompañamiento y clínica de lo cotidiano*, Buenos Aires, Letra Viva, 2014.

es el sujeto de la intervención. Porque lo que nos es presentado habitualmente es una escena absolutamente comandada por un goce que tampoco sabemos de quién es, ni cuál es el fantasma que comanda la escena. En este caso no fue casualidad que en poco tiempo se pudiera alcanzar este nivel de intervención, pues este hombre venía ya con un recorrido de análisis, y venía trabajando sobre esas cosas... Entonces, esa no fue una intervención alocada, no es que como un kamikaze yo le digo: *«usted tiene que implicarse»*. El hombre venía trabajando sobre eso, yo tengo la información de que él se está preguntando por eso. Pero una cosa es preguntárselo en su espacio de análisis, y otra cosa es poder implicarse en una entrevista planteada en este otro contexto, por las consecuencias que tiene para su hijo esa escena que él venía sosteniendo. Y ahí, cuando escucha que efectivamente él algo estuvo sosteniendo, es ni más ni menos porque ya estaba en condiciones de escucharlo. Y pudo hacerlo, y pudo producir también un movimiento. Pero es distinta la intervención que podemos hacer si él no estuviera en análisis desde hace un año, o si no tenemos ninguna noticia de que la implicación está madurando, y que ya hay olor a implicación. No es que se acierta de casualidad. Ahora, si ese hombre viniera simplemente por otro lado sin ningún tipo de espacio en donde poder tramitar su propia angustia —esa que estaba ahí protegida por la escena que él mismo estaba sosteniendo—, la estrategia de intervención habría que pensarla de muy distinta manera. Probablemente, ahora sí resulte oportuno incluir acompañantes terapéuticos para trabajar con este muchacho. Pero fijensé que eso no es lo mismo que *«ponerle un acompañante terapéutico»* tal como estaba planteado en el inicio de la intervención.

— Cecilia López Ocariz: *¿No pensaste en ir vos?*

Yo le ofrecí ir. Le ofrecí que tuviéramos una entrevista por *Skype* y le ofrecí la posibilidad de venir a mi consultorio también. Le ofrecí todas las alternativas, y él eligió que lo llamara por teléfono. Eligió la voz. Que es la llamada que le niega a su madre, por ejemplo, a quien no le atiende el teléfono, ni le quiere hablar. Y habló de su madre, habló mucho, y sin quererlo también él pudo llegar a situar —después de un poco más de media hora de conversación—, que su padre algo ahí no hizo.

— CLO: *Te lo preguntaba porque se me ocurría o me resultaba interesante pensar en la especificidad clínica del acompañamiento terapéutico, cuando no es pensado como una intervención que el analista no tiene ganas de hacer. Hay una especificidad del acompañamiento respecto de qué posición ofrece para sostener en la clínica, es parte de la lectura que vos sostenes. Porque también es cierto que no es lo mismo lo que implica para un sujeto la presencia de un analista —y de qué modo eso lo interpela o lo demanda en el trabajo clínico— y esa presencia que se hace más tolerable, más estable... (...) y es en cierto punto la especificidad de la clínica del acompañante, que hace que no sea expuesto como una extensión de la mano del analista, que lo lleva. Pensando que no es una frontera extendida, sino que hay una especificidad en la clínica.*

La verdad es que a mí no me hace problema pensar en que si voy a la casa: *¿«Soy un AT»* o *«Soy un analista»?* A mi gusto —al menos en este caso, y en este momento inicial— esa pregunta carece de consistencia. Eso no quiere decir que esa indeterminación en cuanto a mi lugar —que, en el punto de partida me resulta cómoda—, se pueda sostener asípor mucho tiempo más. En algún momento, probablemente me reserve el lugar de analista, y ahí sí de lugar a que intervengan acompañantes terapéuticos. Si la cosa continúa marchando bien, en algún momento vamos a producir ese desdoblamiento. Él quiere estudiar periodismo deportivo, no sabe muy bien, pero todo ese movimiento de salida quizás sea necesario apuntalarlo...

Pero ahora, en este momento, ¿cómo vengo pensando esa intervención? Bueno, la interlocución con el padre no terminó todavía, porque este hombre se acaba de dar cuenta de algo, pero por el momento no parece tener muchas herramientas como para posicionarse de otra manera. Entonces, la evaluación que vengo haciendo es que es necesario, más allá del espacio de análisis con su analista, poder seguir sosteniendo alguna interlocución con él, poder tener algunas entrevistas con la madre —con quien nuestro muchacho todavía no volvió a hablar. Entonces, hay toda una serie de maniobras por venir, por lo que prefiero reservarme todavía el nombre que le pongo a mi intervención. Por el momento, prefiero ir escalonando, ir abriendo esos espacios, y la verdad: ¿Soy un *AT*? ¿Soy un psicoanalista? Que la historia me juzgue...!!!

El AT y el *Sinthome*

En una de las últimas jornadas en las que participé, alguien hablaba del acompañante terapéutico como esa suerte de pegamento que viene a unir las distintas instancias de intervención que en los tratamientos aparecen, muchas veces, disociadas, fragmentadas. Resultará interesante interrogar entonces aquí qué conexión podemos establecer entre esto que acabamos de describir, y aquello Lacan propuso sobre el final de su recorrido respecto de la función del *«Sinthome»*[26], y el lugar del analista en la dirección de la cura. En este punto, conviene preguntarse si cuando el acompañante terapéutico se ve precipitado a ocupar ese lugar, no hay allí algún problemita, si no se está produciendo cierta confusión con el lugar del analista. No obstante, es importante situar que el *AT*, con sus intervenciones, se inscribe sin dudas en una lógica de la cura que tiene como sello distintivo una perspectiva de *anudamiento*. Esto no quiere decir que sea el acompañante quien debe establecer la lógica del anudamiento de esas distintas instancias del dispositivo de tratamiento; pero sí es, de algún modo —tanto por su presencia, como por la modalidad de su intervención—, quien suele dar consistencia a ese anudamiento.

Efectivamente, es con frecuencia el *AT* quien está en contacto con la familia, con la maestra —en los procesos de inclusión educativa—, con el neurólogo, el psiquiatra o el psicólogo. Es también quien va tendiendo los *«hilos libidinales»* que permiten ligar, por ejemplo, el trabajo que se viene desarrollando desde el *hospital de día* para propiciar la iniciativa de comenzar alguna actividad recreativa o laboral fuera de ese dispositivo, proyecto que el sujeto empieza a considerar —a libidinizar a nivel del pensamiento—, pero sobre el que se despierta algún punto de angustia que le impide llevarlo a cabo. Entonces es necesario empezar a construir ese puente libidinal, empezando por acompañarlo a inscribirse, a conocer el lugar y las personas con las que pasaría a interactuar. Lo que implica, en principio, poder despejar aquellos puntos de angustia que puedan estar poniéndose en juego como obturador —sin perder de vista que, para los usuarios que requieren de nuestra intervención, poder habilitarse, poder autorizarse a habitar cierto lugar relativo a su deseo, es precisamente lo que está obturado por la angustia. Ese trabajo de ligadura propio de los acompañantes terapéuticos, es lo que podemos situar en la lógica de la cura en conexión con el concepto lacaniano de *«Sinthome»*.

Para quienes interese profundizar sobre este tema, hay un por cierto un texto muy interesante que seguramente algunos de ustedes ya co-

26. El *Sinthome* es una suerte de remedio a aquello que para el sujeto, en su atravesamiento del *Complejo de Edipo*, se inscribió deficitariamente en el nivel de la función paterna. Podemos pensarlo como una cuarta cuerda agregada al *nudo borromeo*, que tiene la función de ligar y ordenar lo *Real*, lo *Imaginario* y lo *Simbólico*.

nocen, que es la publicación de la tesis doctoral de Mauricio Hermann, *«Acompañamiento terapéutico y psicosis. Articulador de lo imaginario, lo simbólico y lo real»*. Entonces, por un lado, lo que muchas veces nos encontramos en nuestras intervenciones es que somos convocados a tomar parte en un equipo que no está suficientemente ligado. Y muchas veces, es también la presencia del *AT* lo que hace visible esa falta de ligadura, esa desconexión. Porque el *AT* no puede intervenir sin ligar, está ahí para eso, podría decirse. Y cuando se empieza a poner en marcha su trabajo resulta que empieza a visivilizarse también lo que hace *síntoma* en el dispositivo. ¿Vieron cuando ponen *poxiran* —o cualquier pegamento de contacto— en una de las superficies que quieren pegar, y ponen tambien del otro lado, pero no se sabe porqué la cosa no se pega...? Con frecuencia, es el acompañante el que puede ver que una de las superficies está mojada, y comentar a los demás profesionales intervinientes: *«no, de este lado está mojado, por eso no pega»*. Es él quien dice: *«Tiene mucho pegamento, por eso se pega, pero se separa enseguida»*. Es muchas veces el *AT*, por su propia posición y por su acceso privilegiado al *backstage* de la escena, quien va percibiendo qué es lo que hace que la ligadura no funcione, y lo hace visible.

Aquí me gustaría retomar aquella polémica que señalábamos al comienzo, y que también volvió al centro de la escena a partir de la presentación de los proyectos de ley de regulación del *Acompañamiento Terapéutico*, que tiene que ver con cómo pensar la delimitación de la función y la posición del *AT* en su interlocución y diferenciación respecto de las otras instancias del dispositivo, en particular con aquellas que tendrían como función la dirección de la cura. Resulta entonces muy interesante observar cómo se reanima la pregunta acerca de cómo delimitar el lugar del acompañante y el lugar del analista, por ejemplo. Cómo conciliar ese reclamo de autonomía por parte de los acompañantes terapéuticos, con la delimitación de sus funciones, por ejemplo. Cómo hacer que esa autonomía no quede desanclada de la lógica de la cura. Y llevando la pregunta al extremo, si en algún caso sería pertinente considerar la posibilidad de que los acompañantes tomen a su cargo la dirección de la cura. Si pueden ser los *AT* quienes estén a la cabeza de la configuración de un dispositivo. Recurrir a las vicisitudes de la experiencia clínica con frecuencia nos ayuda a pensar...

El caso *Mariana*

Quería recuperar un caso. Digo *recuperar*, porque es uno de los primeros casos que publicamos[27], en donde ya aparecía, tempranamente, la pregunta acerca de cómo pensar esa delimitación entre el lugar del acompañante y el lugar de analista. Es, además, uno de los primeros casos con los que me tocó trabajar, y ahora les voy a contar, muy brevemente, las vicisitudes de ese tratamiento. En el momento en el que conozco a esta paciente —a la cual sigo atendiendo—, tenía a mi cargo algunas actividades en una institución, una clínica de día para adultos y adolescentes en donde, entre otras cosas, coordinaba un *grupo terapéutico*, y también me derivaban algunos acompañamientos. Cuando *Mariana* comenzó a concurrir a la institución, una de las primeras actividades en que se le propuso participar, fue justamente en ese espacio grupal coordinado por mí. En general, quienes participaban de esta actividad eran pacientes psicóticos, algunos con *Síndrome de Down*, otros procedentes del difuso campo de la *«discapacidad»*, término que en ese momento comenzaba a cuestionarse.

En el momento en que esta paciente llega a esta institución, había un terapeuta que venía trabajando con ella desde hacía muchos años. Había también un neurólogo que la medicaba, pero entre el psicólogo y el neurólogo no tenían desde hacía muchos años ninguna interlocución. Por entonces estaba absolutamente descompensada, y esto quiere decir que su permanencia en los espacios grupales como *musicoterapia* o *terapia ocupacional* resultaba muy difícil, porque era una bomba de tiempo: en cualquier momento se enojaba, salía disparada, tuvo situaciones de agresión con compañeros, con los terapeutas. Se la recibe de todos modos en el grupo, en donde afortunadamente no se presentaron mayores dificultades. Pero al poco tiempo —luego de agredir a un integrante del *equipo técnico*— se desiste de su ingreso, derivándola a otra institución dedicada a la atención de usuarios con problemáticas de mayor complejidad. Desde esta nueva institución le proponen, como parte de la prestación, incluir un acompañante terapéutico, y entonces *Mariana* —que me tenía presente por su breve participación en el grupo, y recordaba que también trabajaba como *AT*—, solicita mi participación. Tuve en-

27. Pulice, G. y otros; *Acompañamiento Terapéutico. Aproximaciones a su conceptualización. Presentación de material clínico*, Buenos Aires, Xavier Bóbeda, 1994. El caso fue luego retomado en Pulice, G.; *Fundamentos clínicos del Acompañamiento Terapéutico*, Buenos Aires, Letra Viva, 2011 (2016).

tonces una entrevista con ella, con su madre, y con el director de la institucion, y decidí aceptar la propuesta.

En el inicio del acompañamiento, se podría decir que el panorama resultaba desolador. Respecto del *«dispositivo de tratamiento»*, lo que había entre las distintas instancias intervinientes no eran intersticios, eran grietas. Por ejemplo, llamaba al terapeuta y éste buen hombre, con bastante desgano, me respondía: *«Sí, sí, nos podemos reunir»*. Y la primera reunión con el terapeuta fue recién a los cuatro meses. Con el neurólogo, peor, ni siquiera me respondía los mensajes. En la nueva institución no daban pie con bola, con el agravante de que los demás pacientes que concurrían allí eran niños que, por sus características, no estaban en condiciones de compartir con *Mariana* ninguna actividad grupal. La cuestión es que después de cuatro meses de transitar por las grietas y, a pesar de todo, habilitar algunos espacios, caminar, dar algunos paseos, salir a la plaza a tomar mate, esas cosas que se hacen en el acompañamiento terapéutico, consigo reunirme con el terapeuta. Entonces me dice que está pensando dejar el caso, porque él ya no tiene la misma disponibilidad de tiempo para poder atender a Mariana. Pregunto si le había comunicado esto a la paciente, y dice que no, que aún no lo había hablado con ella. A los pocos días se lo comunica, y ella a su vez me llama inmediatamente por teléfono, muy angustiada, diciéndome que su psicólogo *«la abandonó»*, y que va a tener que buscarse otro. Entonces primero sobrevinieron momentos de mucha angustia, y cuando esta paciente se angustiaba se quedaba en la casa —donde vivía sola con su mamá—, se ponía muy agresiva y no quería ir a ningún lado.[28]

Bueno, resumo para que podamos abrir un mini debate. En el momento en que se le trasmite que su terapeuta ya no iba a poder atenderla sucede esto, pero luego de la crisis, cuando se puede retomar el acompañamiento terapéutico, la paciente me dice que ella quería que su terapeuta sea yo. Era una situación muy particular, porque yo era su *AT*. Ella me conocía como el psicólogo que coordinaba los grupos terapéuti-

28. No es un dato menor que a la edad de dieciocho años esta paciente había tenido una internación de seis meses en el hospital Moyano. El cual no era el *hospital escuela* que tenemos ahora, era *el Moyano de la dictadura*. Era el Moyano donde tenemos personas desaparecidas, pacientes internados por veinte años, hay denuncias de ventas de órganos, cosas del orden de lo siniestro. En ese contexto, para esta paciente, cada vez que se angustiaba se agitaba muy fuerte el fantasma de la internación. Porque en realidad, cuando la internaron le dijeron que era incurable, y que no sabían cuánto tiempo iba a tener que quedarse ahí, tal vez para siempre. Después de una gestión de la madre lograron sacarla, pero quedó instalado para siempre el miedo de volver a la tumba.

cos, también. Bueno, le digo que sí, que podemos pensarlo, que vamos a tener primero una entrevista con la mamá. Entretanto, urgente a supervisar el caso...!!! Y en el espacio de supervisión, se plantea como alternativa para ese momento de transición inaugurar un espacio de entrevistas individuales en la institución. Entonces tenemos a los pocos días esa entrevista con *Mariana*, su madre, y el director de la institución, en la que ambas dan su conformidad con la propuesta. En ese momento, lo que yo le digo es: *«Puedo ser tu terapeuta institucional, pero tenemos que seguir trabajando con acompañantes terapéuticos»*, lo cual fue aceptado también, incluyéndose de este modo dos acompañantes, un varón y una mujer. Apenas unos días después, comunicó a su anterior psicólogo que *«ya no quería seguir atendiéndose con él»*.

Lo que siguió, al poco tiempo, fue la propuesta de tener una interconsulta con un psiquiatra de mi confianza. Su neurólogo —como decíamos— hacía años y años que le renovaba la misma receta, pero a pesar de eso *Mariana* tenía mucha confianza en él, y le resultaba muy angustioso dejarlo. Pero la verdad es que con ese profesional no había forma de interlocución. Les digo entonces que necesito al menos hacer una interconsulta con el nuevo psiquiatra para revisar el tema de la medicación, que se quedaran tranquilas que los honorarios de esa consulta correrían por mi cuenta. Y de hecho, pagué los honorarios del psiquiatra para que fueran sin tener ese problema de por medio. Entonces *Mariana* y su madre tuvieron esta interconsulta. Una vez que lo conocieron, ya quizo continuar con él, con quien desde entonces siguió atendiéndose. Fíjensé que partiendo de esa pura grieta del comienzo, al cabo de algunos meses ya teníamos los acompañantes terapéuticos, y teníamos también una productiva interlocución con el psiquiatra, que —en la medida en que la paciente se fue estabilizando— posibilitó producir un reordenamiento muy favorable de la medicación.

Finalmente, y dado que la institución no lograba ofrecer condiciones mínimamente adecuadas para avanzar en su tratamiento, empezamos a buscar una institución alternativa, y al cabo de algunos meses se produjo también el cambio de institución. Así que en el transcurso de un par de años era otra paciente. Actualmente, después de más de veinte años de tratamiento, ella ya no tiene acompañantes terapéuticos. Su mamá está muy anciana, y ahora es ella quien la cuida. Y lo está haciendo muy bien...!!! Y está viendo la posibilidad de que cuando la madre muera ella pueda quedar viviendo sola en el departamento donde vive. No sabemos si eso será posible, por lo que se está introduciendo de a poquito la posibilidad de considerar una casa de convivencia, o algún otro dispositivo de puertas abiertas. Todas estas alternativas eran rechazadas sistemáticamente por ella, pues las asimilaba a la internación, quedando todo reducido en su imaginario a esas dos únicas opciones: quedarse viviendo sola en su casa, o ser internada en el manicomio. Por el momento, está aprendiendo a prender el horno y aprendió a cocinar. Y como estaba con la necesidad de quedarse con la mamá —cuyo estado de salud se va deteriorando— me di cuenta de que muchas veces me llamaba para cancelar entrevistas, para cambiar horarios y algo me empezó a hacer ruido con eso. Entonces le propuse reformular el contrato, digamos. Ahora en vez de *«llamarme para faltar»*, quedamos en que ella me llama *«cuando quiere venir»*. El resultado: me llama todos los lunes y me pregunta: *«¿Qué horario tenés esta semana?* Entonces le doy su horario, y listo. Es decir, no tiene un horario fijo, no tiene un horario garantizado, y es notable cómo en otro momento esto habría sido imposible de sostener para ella. Y si no, me llama y me dice: *«No, esta semana no voy a ir»*. Y me llama también cuando quiere venir a alguna entrevista más en la semana. Esta era una paciente que cuando su dispositivo de tratamiento era pura grieta y fragmentación, convivía todo el tiempo con el fantasma de volver a la tumba. Era una paciente que estaba en permanente estado de desestabilización. Bueno. Llego hasta aquí. Era lo que les quería trasmitir.

— Cecilia López Ocariz: *Una pregunta. Cuando pasa esto de que ella hace una elección y una propuesta de que puedas ser el terapeuta, están dadas las condiciones para eso porque además de cumplir la función de acompañante, eras psicólogo...*

— GP: Si, yo en ese momento, les aclaro, no sé cuántas sesiones de análisis dediqué para ver qué hacer con eso. Y varias supervisiones también. Había conseguido en ese momento que la institución pagara una supervisión externa, entonces empezamos a supervisar el caso a poco de empezar, más o menos regularmente. No es que simplemente se me iban ocurriendo las cosas de manera genial y espontánea.

— CLO: *Claro. Ahí en supervisiones podías asumir este otro lugar, pero sí quedaba claro, o se fue trabajando con ella que después había que sustituirte en la función del acompañante. Que vos ibas a correrte hacia otro lugar. Digo que uno no puede hacer todo. Esa es mi pregunta...*

— GP: No, porque ahí hubiera sido un obstáculo que se confundieran los lugares, y era necesario que ella pudiera registrar esa diferencia, pero fundamentalmente que la madre pudiera localizar y legitimar también algún lugar de referencia, de ordenamiento del tratamiento. Porque esa paciente, luego de un tiempo de trabajo se fue estabilizando, comenzó a asistir a una clínica de día de adultos a la que concurrió regularmente durante más de 10 años, retomó la escuela primaria —sólo había llegado a un nivel de tercer grado—, participó durante varios años en un grupo de teatro que funcionaba los sábados en la sede de una de las facultades de la UBA... Pero cada vez que ella quería empezar alguna actividad, con la madre era una lucha, eran entrevistas bien peludas, se angustiaban mucho las dos ante cualquier movimiento de separación, de autonomía por parte de *Mariana*, y todo quedaba al borde del naufragio. Por eso lo más importante era que la paciente y la madre pudieran ubicar con claridad dónde situar y legitimar *transferencialmente* un punto de referencia en relación a ese ordenamiento. El lugar de la *supervisión*, en ese sentido, resultó crucial para ir despejando las distintas maniobras que permitieron comenzar a producir ese ordenamiento.

V

AT: fundamentos de su inclusión como «*herramienta clínica*», en el ámbito escolar[1]

El recorrido en que los invito a acompañarme aquí tiene como objeto examinar un tema que está desde hace un tiempo en plena ebullición. Me refiero a los procesos de inclusión en el ámbito educativo de niñas, niños y adolescentes con dificultades tanto cognitivas como emocionales; y, en ese contexto, la especificidad de la intervención de los acompañantes terapéuticos. En realidad, es un área de inserción del *AT* que viene desarrollándose desde hace muchos años, y si revisamos la bibliografía, ya en una de nuestras primeras publicaciones sobre el tema —como fue la compilación de los trabajos presentados en el *1er. Congreso Nacional de Acompañamiento Terapéutico*, realizado en Buenos Aires en el año 1994—, encontramos un texto que introducía específicamente esta problemática[2]. Sin embargo, en ese momento resultaba toda una curiosidad. Es decir, había algunos casos, se empezaba a experimentar, pero no era algo tan generalizado como lo es en este momento. Y es preciso situar que no es por pura casualidad que haya de pronto, en torno de esta problemática, una cantidad tan masiva de solicitudes de intervención, junto con un renovado interés por seguir avanzando en su conceptualización, y en el desarrollo de sus especificidades técnicas.

Por otra parte, es preciso observar que el *AT* no es la única figura propuesta para intervenir en el apuntalamiento de los procesos de inclusión escolar. Hay también otras prácticas que comparten el mismo terreno, y que con frecuencia entran en competencia con el *acompañante terapéu-*

---

1. Conferencia dictada en la *Universidad Autónoma de Querétaro*, el 5 de marzo de 2018.
2. Makrucz, G.; «*El dispositivo Acompañamiento Terapéutico en función de los procesos de integración escolar*», en AAVV, *Hacia una articulación de la clínica y la teoría*, Buenos Aires, Ediciones Las tres Lunas, 1995.

tico. En nuestro país, por ejemplo, ese territorio es compartido con la figura del *operador socio-educativo*, y hay también ciertos bordes —a veces difíciles de precisar— con la *maestra integradora*, incluso con la *Psicopedagogía*. Esto tiene su historia también, y pronto la vamos a analizar. Asimismo, en otros países, esa variedad de intervenciones auxiliares fue tomando distintas denominaciones y características: en México y Colombia, por ejemplo, una de las figuras que surge en competencia, en tensión con el *AT* —supongo que muchos de ustedes la conocen—, es el *«maestro sombra»*, propuesta desde las terapias cognitivistas.

En este contexto, vamos a abrir entonces algunas cuestiones que tienen por finalidad poder establecer algunas diferencias entre estas distintas modalidades de intervención, así como las consecuencias que derivan de ello, tanto a nivel conceptual, como en las implicancias prácticas de la experiencia.

Todos a incluir...!!!

Decíamos recién que no es por pura casualidad que de pronto aparezca una cantidad tan importante de solicitudes de intervención de *acompañantes terapéuticos*, de *maestro sombra*, de *operadores socio-educativos* y otros recursos auxiliares en el ámbito escolar. No es casual, porque es la respuesta que se empieza a producir a partir de las distintas acordadas internacionales que no sólo vienen a sugerir la inclusión, sino que pasaron a tomar más bien el carácter de un *«imperativo de inclusión, con fuerza de ley»*. Imperativo que desde hace ya unos años exige a la comunidad educativa incorporar regularmente a clase —en las escuelas comunes de nivel primario y secundario— a los niños y adolescentes con dificultades o características especiales. Más allá de sus buenas intenciones, lo problemático de esta iniciativa es que ni los docentes, ni el personal no-docente, ni las instancias directivas de esas escuelas, tienen aún las herramientas conceptuales ni el entrenamiento técnico necesario y suficiente para recibirlos. En muchos casos, se ven situaciones de difícil solución, en donde esos niños cuya escolarización resulta problemática —no sólo por las dificultades que se observan en sus procesos de aprendizaje, sino también por sus desbordes y alteraciones de conducta—, traen complicaciones, además, para la normal escolarización de los otros niños. Con lo cual se hace por demás dificultoso conjugar el día a día de tal estado de cosas, con esa suerte de *«imperativo de inclusión»*.

Como suele suceder, desde las «altas esferas» de las políticas públicas no siempre se llega visualizar lo que en verdad acontece en las «bajas esferas» de la experiencia cotidiana. Y en el apuro y la confusión, se pone torpemente el carro delante de los caballos: se proclaman así ciertas disposiciones y normativas que implican un brusco reordenamiento de todo su campo de aplicación, sin conocer el terreno, ni prepararlo adecuadamente. En este caso, sin capacitar previamente a los docentes y al personal de maestranza, ni acompañar ese movimiento con las partidas presupuestarias necesarias para sostener de manera eficaz los gabinetes psicológicos de las escuelas, incorporando los profesionales y auxiliares requeridos. Y lo que es peor, sin preparar a esos otros padres y alumnos que participarán también —en forma no consensuada— en esa compleja aventura de inclusión.

Este es el escenario que se está transitando en este momento no sólo en Argentina, sino también en Brasil, Colombia, México... Es un problema generalizado. En ese sentido, podría decirse que cada país, ciudad y región es una suerte de laboratorio, de experiencias abiertas de investigación acerca de cómo pensar esa inclusión y cómo desarrollar los recursos materiales y técnicos necesarios para llevar adelante esta noble iniciativa: incluir en la escuela a estos niños y adolescentes que durante décadas, siglos —es decir, el tiempo que llevamos de formalización y regulación de la escolaridad por parte del estado— quedaban fuera. Y por supuesto, situar también cuáles son los límites de esa inclusión, hasta dónde se puede llevar, dónde trazar la línea.

¿Acompañantes terapéuticos en la escuela?

Como decíamos recién, hay en competencia distintas propuestas, distintas actividades auxiliares, en algunos casos provenientes del campo de la *Salud Mental*, otras parecen perfiladas de tal modo que sólo se focalizan en lo propiamente educativo, con lo cual todo lo relativo al campo de la *subjetividad* pareciera quedar en un segundo plano, o simplemente fuera. Para quienes ya tienen algunas experiencias como *AT* en el ámbito escolar, seguramente van a estar de acuerdo en lo difícil que resulta establecer un límite entre *«lo educativo»*, y *«lo subjetivo»*. Es decir, demarcar en forma taxativa el borde entre esas dificultades propias de los procesos de aprendizaje, y aquellas otras cuestiones ligadas a los desbordes emocionales de ese niño —y su familia—, que irrumpen intempestivamente poniendo en serio riesgo tales procesos. Es difícil situar ese límite, y con frecuencia se desestima esta conexión.

De hecho, hasta hace apenas unos años, incluir lo *«terapéutico»* del acompañamiento en la escuela suponía *«estigmatizar a los niños»*. Desde la perspectiva de las instituciones estatales y las autoridades a cargo de regular esos procesos de inclusión en Argentina, se entendía que por ese sólo hecho —por lo *«terapéutico»* del nombre—, ese niño que ingresara a la escuela acompañado por un *AT*, quedaría marcado para siempre como un *«niño con problemas»*. Ese fue por mucho tiempo el argumento que en algunos distritos de nuestro país funcionó como barrera para habilitar en las instituciones educativas el ingreso de los acompañantes terapéuticos. Afortunadamente, las cosas ya no son así, y ese impedimento de a poquito se fue levantando, en buena medida, como resultado del trabajo fecundo que fueron realizando los mismos acompañantes. A veces, incluso, a partir de cierto enmascaramiento de su función: desde las escuelas se demandaban *operadores socio-educativos*, pero los mismos padres —o los profesionales y docentes que venían llevando el caso— solicitaban que quien fuera a trabajar con *ese* niño, acreditara su formación como *AT*...!!! De este modo, se inauguró cierto período de tensión entre *demandas* y *saberes*, que —al menos en buena parte de nuestro país— culminó felizmente con la disolución de ese impedimento.

De la misma manera, algunos profesionales que están formados como acompañantes terapéuticos —por ejemplo en México y en Colombia— sólo logran acceder a esos espacios de trabajo si se presentan como *maestros sombra*, pues es eso lo que habitualmente se solicita desde los establecimientos educativos. No obstante, hay cierto posicionamiento a partir de su formación como *AT*, de sus práticas supervisadas —incluso, de su análisis personal—, que hace muy difícil que una vez que alguien ha llevado adelante ciertas experiencias en el campo de la subjetividad, pueda sentirse cómodo obedeciendo las directivas que se le encargan para operar en condición de *sombra*. Y precisamente, una de las perspectivas desde donde podemos empezar a trazar la divisoria de aguas entre estas diversas modalidades de intervención, es en el nivel mismo de la *demanda*: qué se espera cuando se convoca a un *maestro sombra*, a una *maestra de apoyo*, o un *operador socio-educativo*, y qué se espera cuando se solicita la intervención de un *acompañante terapéutico*. Porque ya hay allí —en el momento mismo de esa solicitud—, una diferencia crucial, que de hecho condiciona desde el inicio la configuración de las estrategias de abordaje. Con lo cual, creo que está abierto el debate, y se están produciendo también encuentros muy interesantes entre lo que se solicita a partir de esas demandas y, por otro lado, la puesta en juego de un saber distinto, que empieza a poner a esas demandas en interrogación.

En este contexto, resulta indispensable reintroducir esa puesta en conexión entre *lo educativo* y *lo subjetivo*, para poder abordar el tema desde otra perspectiva, a partir de algunas preguntas muy simples: ¿Porqué un niño —o adolescente— tiene dificultades para ir a la escuela? Si ajustamos ese interrogante un poquito más, podemos preguntarnos: ¿Por qué ***éste*** niño —o adolescente— tiene dificultades para ir a la escuela? O, para mayor precisión: ¿Por qué ***éste*** niño —o adolescente— ***rechaza*** su inclusión escolar? Pues entendido así, ese *rechazo* ya no se inscribiría entonces como un *déficit*, sino como un *acto subjetivo* con carta plena de ciudadanía.

Sobre la inadaptación escolar del *padecimiento psíquico*

Cuando se pasan por alto estas preguntas, el problema aparece planteado en términos de un *déficit* por parte del niño, y la propuesta terapéutica se encamina en términos de compensar o remediar ese *déficit*. Y este mismo modo de formulación del problema termina deslizándose, en su búsqueda de respuestas, hacia los renovados catálogos de la *Psiquiatría Infantil* —que desde hace algunos años ha pasado a ser sin dudas el mercado más prometedor de la industria psicofarmacológica. Entonces, se dice por ejemplo que un niño tiene dificultades en su inclusión escolar porque tiene *déficit de atención*. O porque ***es*** hiperactivo, aunque tal vez se trate de un *«trastorno oposicionista desafiante»*. ¿Qué quiere decir que un niño ***es*** hiperactivo? ¿Se hicieron esa pregunta? ¿Por qué un niño tendría un *déficit de atención*? ¿Porqué hay niños que vienen con una *«suficiente cantidad de atención»*, que pueden prestar a las cosas de la escuela, y otros niños no? ¿Alguien se anima a responder?

—*Muchas veces se confunden la hiperactividad con la falta de reglas, la falta de límites. Que pueden aparecer incluso en niños con padres en pareja, que dicen:* «Bueno, le damos toda la atención, no sabemos por qué no actúa como debe de actuar, aunque es sin embargo un niño normal». *Digo* «normal» *porque corre, juega, y presta atención sólo a lo que le interesa. Entonces hay que ver la historia del niño, desde antes de la concepción. ¿Qué historia trae atrás de él, de los padres, los abuelos? Muchas veces es hiperactividad, otras veces no. Uno trata de que el niño se preste a convivir con sus compañeros, a trabajar en equipo, a trabajar él sólo. Pero muchas veces no se puede, pues son los mismos padres que siguen con ese círculo vicioso de hacer lo que el niño quiere. Eso, en mi tra-*

bajo yo lo he visto. Soy psicóloga clínica. Me llegan niños que los padres me dicen: «Está medicado, porque es hiperactivo». *Y ya cuando le aplico pruebas me doy cuenta de que no. Y hay muchos niños que no son hiperactivos, pero se puso de moda decir:* «Es hiperactivo». *Parece que los padres se quieren lavar las manos, diciendo* «Es hiperactivo, y no hay nada que yo pueda hacer con él». *Prefieren hacer eso a poner límites, a poner mayor atención.*

Sí, este es un punto muy importante. En realidad, un niño *hiperactivo*, se podría decir que es un niño…! No obstante, cuando un niño tiene dificultades para participar junto con otros niños de las actividades propias de su edad, y tiene dificultades también para sobrellevar los requerimientos escolares, en verdad no está funcionando del todo bien como niño. ¿Qué es lo que podría definir a un niño? Una de las cosas que mejor caracteriza al universo infantil —y por eso todos de algún modo nos seguimos sintiendo niños— es la capacidad de jugar. Y más explicitamente, la capacidad de jugar con otros niños. En la medida en que conservamos esa capacidad, y ese placer por jugar con otros, nos sentimos un poco niños cada vez que lo podemos hacer, y suele ser el mejor descanso de las obligaciones de nuestra estresada vida adulta. Pero allí nos encontramos con niños que no pueden ser del todo niños, que no pueden jugar con otros niños. Y no pueden ir cumpliendo, además, con todas esas otras obligaciones que se espera que cumpla un niño. Sin dudas, hay algo ahí que le está trayendo problemas en el curso de su vida, aunque aún no sabemos qué es. Y es cierto que un niño que no pudo —o no está pudiendo— internalizar algo del orden de los límites, de cómo poner algún freno a su agresividad, a sus propias mociones pulsionales, abre una pregunta fuerte en relación a qué es lo que no se está inscribiendo adecuadamente en el nivel de la función paterna. Pronto volveremo sobre ello.

En la misma perspectiva, pero del otro lado del cuadro nosográfico, nos podemos preguntar: ¿qué significa que un niño tiene *déficit de atención*? Déficit que, por otra parte, se pone siempre del lado del niño, por lo que se plantearía este desafío: ¿cómo hacemos para inyectarle la *«atención»* faltante? Por suerte, no es necesario inyectarlos, se la podemos dar por vía oral: *«Píldoras de atención de Ritalín»*, por ejemplo. Es un buen truco de la industria farmacéutica, de la *psicofarmacología infantil*. Ustedes saben, hay videos muy interesantes sobre este debate planteado incluso en el corazón mismo de la *Psiquiatría Infantil* en Estados Unidos, en donde nacen algunas de estas genialidades con las que tenemos que lidiar. Como decíamos anteriormente[3] —según dicen algunas estadísticas— el 15% de niños y adolescentes están medicados con esa droga. Uno después tiene noticias de esos niños: *«Asesinaron a 20 personas en una Universidad»*. Y si uno rastrea la noticia, se trata de jóvenes que siendo niños han quedado escindidos de un fragmento importante de su actividad anímica. A partir del establecimiento de su diagnóstico *—«niño hiperactivo»*, por ejemplo, o con *«trastorno oposicionista desafiante»*—, su agresividad, su sexualidad, sus mociones pulsionales, fueron progresivamente aplastadas por la medicación. Vale decir, no han aprendido a manejar su angustia, su ambivalencia afectiva, y esos impulsos destructivos que los niños también tienen. Pero algunos años más tarde, avanzada la adolescencia, en algún momento están en condiciones de decir: *«Ya basta de Ritalín...! Ya de todo esto del tratamiento...!!!»*. Entonces, dejan de tomar la medicación, y eso que durante años estuvo ahí enchalecado, freezado bajo mordaza química, de pronto estalla. Y se produce el estallido justamente en conexión con *eso* sobre lo que nunca pudieron aprender a manejar el freno. Entonces explotan, y explotan de la peor manera.

Pero volvamos a nuestras preguntas: *¿Por qué un niño* rechaza *su inclusión en la escuela?* O la otra vertiente: *¿Por qué un niño* carece de todo interés *por su inclusión en la escuela?* Aparecen entonces otras categorías diagnósticas: *«el espectro autista»*, también emparentada con el *«déficit de atención»*. ¿A nadie se le ocurre pensar que a un niño al que *«le falta atención»*, es un niño a quien por distintos motivos, quizás no se le ha prestado —por parte de los adultos a cargo de su crianza— la atención suficiente? ¿A nadie se le ocurre que tal vez haya allí un déficit en la modalidad de presencia que han tenido sus padres? *Presencia* y *atención* que no necesariamente tienen que ver con la cantidad de tiempo que se pasa con él. Recuerdo un caso en el que trabajé hace muchos años, en que se podría decir que literalmente la madre no se despegaba de su hija, una joven que tenía 24 años en ese momento. Era un caso muy interesante. Había un fuerte compromiso neurológico, que afectaba ominosamente la expresión de su rostro, su postura corporal, su aparato fonatorio —de hecho apenas articulaba unas pocas frases, y con mucha dificultad. Pero había otro detalle muy singular: ella hacía unos dibujos extraordinarios. Tomaba un block de hojas, y en minutos —como si fuera un caricaturista profesional— hacía un dibujo, y luego hacía otro, y otro, en una secuencia interminable. Era increíble, porque uno ahí podría decir: qué poder de concentración, no...? Y ella podía estar mucho

3. Ver Capítulo III, página 67.

tiempo haciendo esos dibujos, que revelaban que esa mujer —a quien aún se trataba como una niña—, tenía la posibilidad de imaginar y llevar al papel, con mucha precisión, tan asombrosa multiplicidad de escenas. Estaban siempre protagonizadas por una mamá y un bebe: la mamá con el niño en brazos, o meciéndolo en su cochecito, paseando por la plaza... Al cabo de un tiempo se pudo averiguar que un par de años después de su nacimiento, hubo otro embarazo que no llegó a término. Vale decir, un hermanito perdido. Fue algo sorprendente para mí, porque en realidad, la hipótesis sobre esa pérdida surgió en ocasión de la supervisión del caso. Esa vez llevé a consulta algunos de estos dibujos que ella me regalaba, y el analista con quién en ese momento estaba consultando por el caso, me dice: «*Acá hay un bebé perdido*». Cuando luego pregunté sobre eso, en la siguiente entrevista familiar, se confirmó la plena veracidad de lo inferido.

Pero lo interesante allí, en relación a lo que veníamos desarrollando, es que esa mamá no se despegaba nunca de su hija, y de hecho fue muy trabajoso lograr que pudiera incluirse en una institución recreativa, por fuera de la órbita de materna. Antes de eso, nunca se había intentado siquiera su escolarización, y sólo participaba de algunas actividades en un «*hogarcito*» coordinado por la madre, en la iglesia de su barrio. Lo cierto, es que la madre no se despegaba nunca de ella, pero, qué hacía? Cuando era bebé, mientras se dedicaba a la costura, la dejaba todo el día a su lado, pero la niña se pasaba las horas sin recibir ni un rayito de luz de la mirada de su madre. Esas son cosas que se fueron situando después: «*Yo siempre estoy con ella*», repetía. Sí... pero no...! Entonces, fíjense que la pregunta acerca de qué puede ser que le suceda a *este* niño o niña que no logra detener su atención en los asuntos escolares, o qué es lo que le sucede a este otro que irrumpe en la escuela y no hace más que golpear o morder, o tirar del pelo, o tener todo tipo de actitud violenta hacia sus compañeros, son preguntas que pueden tener otras respuestas. Tal vez, es él quien se sienta agredido, al ser forzado a ir un lugar al que no tiene ningún interés de ir.

Por otra parte, los procesos de integración escolar con frecuencia pasan también por alto algo que en realidad no está a la vista, y que tiene que ver con la dificultad de conciliar la temporalidad de la escuela con esa *Otra Temporalidad* que habita al niño. ¿Qué quiero decir con esto? Si hay algo que caracteriza a las instituciones educativas, es lo relativo a su delimitación y estructuración de la temporalidad. Desde muy temprano en la vida del niño, hay una temporalidad que se le impone, regida por la escuela. Empezando por la cantidad de horas que diariamente tiene que asistir. Gracias a la escuela, descubrimos qué significa la palabra *«lunes»*...!!! Si uno terminó la primara o no la terminó, cuántos años le lleva a un niño completar cada ciclo... El tiempo considerado como necesario y suficiente para que incorpore los contenidos enseñados, eso también está regulado por una temporalidad que se pretende generalizable. Y de hecho, la escuela funciona con esa lógica de *«la domesticación de los tiempos»*. En el momento de plantearse la posibilidad de incluir a un niño que nada sabe de esa regulación de la temporalidad, no debería llamar la atención que eso traiga algunos problemas.

Especificidad del *Acompañamiento Terapéutico*

Llegados a este punto, podemos situar entonces cierta divisoria de aguas respecto de la distinta naturaleza de las demandas puestas en juego en la solicitud de intervención, a partir de las cuales se introduce la discusión sobre la pertinencia de la inclusión de acompañantes terapéuticos en el ámbito escolar, o la preferencia de otras modalidades de intervención auxiliar. Esa divisoria de aguas, se puede poner en conexión con aquella pregunta que formulábamos anteriormente: ¿Qué es lo que le sucede a *este* niño, que se niega —del modo que sea— a la modalidad de lazo social que le propone la escuela? Si esa pregunta no se plantea, si lo que aparece comandando la intervención es simplemente el imperativo de inclusión escolar —soldado a fuego con el andamiaje temporal de la escuela—, difícilmente se pueda sintonizar con la temporalidad de *ese* niño, o abrir alguna pregunta en relación a su implicación subjetiva. Y mucho menos preguntarse por su deseo, qué es lo que hace que no pueda —o no quiera— permanecer en la escuela, y lo experimente como un forzamiento y un abuso.

Entonces, de un lado, tenemos ciertas modalidades de intervención —como el *maestro sombra* y el *operador socio-educativo*— que aparecen comandadas por los requerimientos escolares, pedagógicos, las exigencias de la temporalidad del calendario escolar, que por supuesto —y esto se escucha todo el tiempo— entran en colisión con la subjetividad de ese niño. Y los conceptos de mayor resonancia en esas intervenciones son *«adaptar»*, *«reeducar»*, *«entrenar»*, *«resocializar»*. Según me comentan los colegas colombianos y mexicanos, la capacitación de los *maestros sombra* consiste en un entrenamiento muy disciplinado y riguroso, que tiene como objeto que ellos mismos aprendan las técnicas destinadas a entrenar a los niños con los que trabajan. Ya su nombre resulta, por lo menos, curioso. El primer término, *«maestro»*, tiene claramente una connotación pedagógica, lo cual se corresponde con el ámbito que nos ocupa, y no caben sobre ello mayores consideraciones. Pero su caracter de *«sombra»*, sin embargo, provoca nuestra mayor atención, pues es un término que puede tomar muy diversas significaciones. Algunas muy amigables, por ejemplo cuando necesitamos buscar refugio en los días de extremado calor, para cubrirnos del sol. Por otra parte, cada quien está más o menos familiarizado con su propia sombra, y a nadie le sorprende que ella lo siga a donde quiera que va. Se puede jugar con las sombras también, y hasta producir graciosas figuras de cierto valor estético. Sin embargo, la sombra puede tomar otras líneas de significación, en ocasiones ligadas al caracter ominoso de su oscuridad. Por ejemplo, en esas películas infantiles en las que la sombra, cobrando vida propia, se burla de quien la proyecta, caracterizando a sus espaldas algún aspecto vergonzante del sujeto en cuestión. Pero también hay otras en que la cosa se pone peor, y la sombra no se limita a burlarse, sino que toma el dominio de la situación, como esos muñecos de las películas de terror que al final terminan imponiendo su demoníaca voluntad sobre la voz y los movimientos del ventrílocuo. ¿Se imaginan si de pronto sus propias sombras —erigidas en *«sombras maestras»*— comenzaran a intrusar sus movimientos, y a pretender imponerles hacia donde ir…?

Del otro lado, el *Acompañamiento Terapéutico*. Como decíamos, hay algo distintivo, característico —esencial al *AT* se podría decir—, que tiene que ver con el modo de ofrecer su *presencia*, tal como ya hemos desarrollado en otro lugar[4]. En este sentido, una de las maniobras más importantes en su intervención es no precipitarse a los objetivos psicopedagógicos, no apurar el caldero, sino poder ganar ese tiempo necesario para dar lugar a que el niño pueda entablar con él una relación de confianza, algo que quizás ese niño nunca tuvo. Es decir, nos encontramos ahí con un sujeto que quizás no ha podido establecer un vínculo de confianza con el *Otro* en toda su vida. Entonces, hay una primera maniobra que consiste en dar el tiempo necesario para establecer ese vínculo, para que ese niño no sienta que el acompañante terpéutico es uno más de todo ese coro que intenta a obligarlo a hacer esas cosas que él no quiere hacer. Y darse también un tiempo para empezar a averiguar porqué no quiere hacer esas cosas. Vale decir, habilitar un

4. Ver capítulo IV, Acompañamiento Terapéutico, transferencia y dirección de la cura, página 69 y siguientes.

espacio de confianza para el niño, sin imperativos, sin obligaciones ni ideales, sin poner el acento en *«lo que hay que hacer»*.

Como decíamos, es bastante frecuente que esos procesos —en el apuro por cumplimentar los requisitos del calendario escolar— se planteen sin tener en cuenta la importancia de ese trabajo previo, y se empieza la intervención yendo desde el primer día a la escuela. Se manda directamente al niño a la escuela, y se espera que ese niño —que nunca pudo establecer un buen vínculo con nadie en el mundo—, mágicamente, en cumplimiento de las disposiciones de las autoridades públicas, se preste dócilmente a incluirse en algo que no tiene hasta ese momento articulación alguna con su propio deseo. De este modo, como se podrá advertir, las chances de que las cosas funcionen bien se reducen bastante.

Por el contrario, el proceso se ve favorecido cuando el *AT* puede iniciar su intervención sin prisa, tomando contacto con el niño de manera gradual, evaluar el momento oportuno para hacer la primera salida, dar los primeros paseos —ya sea a la plaza, o hasta la escuela— y recién cuando esa confianza está suficientemente instalada iniciar de a poquito su inclusión escolar. Entonces, ¿cuándo una intervención pasa a ser eficaz, pasa a ser lograda...? Cuando se puede trabajar con un niño para que él mismo tenga ganas de ir a la escuela. Eso lleva tiempo. Y tener la posibilidad de ganar ese tiempo es un trabajo de aprendizaje que tenemos por delante. Es un aprendizaje pendiente para toda la comunidad educativa, empezando por quienes están a cargo de la responsabilidad de diseñar las políticas de inclusión escolar.

Asimismo —y en íntima conexión con lo que acabamos de señalar—, hay algo que también configura y caracteriza de manera crucial la especificidad del *AT*: su intervención tiene como objeto el tratamiento del *padecimiento psíquico*. Es decir, el *AT* puede incluirse por ejemplo en el tratamiento de una persona que tiene cierta deficiencia motriz. Pero en realidad, la especificidad de su trabajo y su función no apunta a ser quien empuja la silla de ruedas. No es que no pueda hacerlo, por supuesto que sí...!!! Pero si se convocó la intervención de un acompañante terapéutico, es a fin de prestar especial atención, y empezar a intervenir sobre aquellas cuestiones relativas al *padecimiento psíquico* que, a *ese* sujeto, le viene ocasionando *esa* discapacidad, o *esa* capacidad especial, cualquiera que ella sea.

Ahora bien: ¿qué entendemos por *«padecimiento psíquico»*?

— *¿Una desestabilización en la estructura psíquica?*

Bueno, pero ¿porqué el padecimiento psíquico estaría ligado a una desestabilización? Podemos preguntarnos, también: ¿Hay aparato psíquico sin padecimiento?

— Considero que hace alusión a una dolencia del sujeto. Una dolencia del sujeto en diferentes ámbitos.

Una dolencia del sujeto en diferentes ámbitos. ¿Pero en qué se diferencia el *padecimiento psíquico* de un dolor de cabeza?

— Que es una dolencia psíquica, una dolencia del alma.

Una dolencia del alma. Bien freudiano es eso, eh…!!! (Risas) Para una dolencia del alma, el tratamiento del alma. ¿Quién más se anima a ensayar una definición…?

— Creo que mi respuesta es más sencilla. El padecimiento sería la respuesta ante un cambio, la respuesta ante un estímulo. O sea, no conductualmente sino algo que está cambiando, algo que produce movimiento y hay una respuesta a ese movimiento. Creo que no va tanto por la dolencia, o si es malo o es bueno, simplemente la respuesta desde el niño ante un cierto cambio.

— Lo que creo que hay que hacer es escuchar al niño. Porque el niño nos va a dar la pauta de entender y de saber que está sufriendo por algo, que es el estar en un lugar, o el que no se le haga caso, en diferentes situaciones. Pero el niño nos va a dar cuenta de ese sufrimiento.

A ver… Tomando todas estas distintas respuestas que fueron ensayando, parece que lo que es importante situar, en primer lugar, es que el *padecimiento psíquico* se distingue de todo lo que tiene que ver con los otros padecimientos, el dolor, y todo lo que tiene que ver con el dolor físico. Para los dolores físicos, en lo general hay remedios, a veces no, pero hay un desarrollo muy interesante de la *anestesiología* y del *tratamiento del dolor*, del dolor físico, ¿no? El *padecimiento psíquico* es otra cosa: se define propiamente por el desencuentro del sujeto, el mal lugar del sujeto en sus relaciones con el *Otro*. Lo que el padecimiento psíquico nos viene a decir es que al sujeto algo no le está funcionando bien, o algo le duele, en sus relaciones con el *Otro*. El *padecimiento psíquico* no implica entonces solamente al sujeto, porque además, no hay sujeto sin el *Otro*. Y esto nos conduce a abrir otra línea de interrogación.

Sobre la *otredad* del *déficit*

¿Por qué decimos que no hay sujeto sin el *Otro*? El aparato psíquico, tal como comenzamos a aprehenderlo a partir de las enseñanzas de Freud y Lacan, es el único *«órgano»* cuyo desarrollo embrionario y ulterior estructuración se producen, esencialmente, con posterioridad al nacimiento del cachorro humano. A pesar de los esfuerzos de los anatomistas, la localización topológica de sus diversas instancias constitutivas y sus funciones no logra hacerse coincidir con el pretendidamente completo *mapeo cerebral* que proponen las ciencias médicas y su más avanzada tecnología. Para que tal gestación se produzca, para que ese *nuevo órgano* adicional germine y luego madure satisfactoriamente, será precisa la entrada en juego de un elemento nuevo, la inseminación de una nueva *semilla* de naturaleza por cierto bien heterogénea a la anatomía: la *«inseminación»* del lenguaje, en ausencia del cual —tal como lo han demostrado las más diversas experiencias— la chispa de la *razón*, de la *inteligencia* propiamente humana, no logra ser encendida. Por otra parte, si lo distintivo del sujeto humano es el *pensamiento* —cuyo soporte primordial es la palabra—, se justifica entonces la formulación de Wittgenstein acerca de que sus límites —los del pensamiento— coinciden con los límites del lenguaje.

¿Y de dónde nos viene el lenguaje? El lenguaje nos viene del *Otro*.

Lo cierto es que sin la palabra no hay pensamiento, y la palabra nos viene del *Otro*, con su potencialidad y también con sus déficits. Esa palabra que nos viene del otro, además, nos nombra, empezando por el hecho de que nuestro nombre nos lo pone el *Otro*. Y también, nuestra lapida la escribe el *Otro*. Entonces, cuando decimos que el padecimiento psíquico se caracteriza justamente por una inadecuación del sujeto al campo del *deseo del Otro*, esto quiere decir que, si hay padecimiento —por ejemplo, en su expresión más característica, que es la angustia—, esto da cuenta de que ese sujeto o bien está siendo nombrado, está siendo convocado a un lugar en el que no se siente muy bien o, más aún, ese sujeto puede experimentar de pronto que ni siquiera tiene lugar. Fíjense que ahí, por ejemplo, podemos poner en conexión esto con lo que hablamos antes en términos de la hiperactividad de un niño. La hiperactividad de un niño podemos pensarla, por ejemplo, en relación a esa incomodidad del niño que no encuentra su lugar, que no encuentra quien delimite y habilite ese lugar. Delimitación que, decíamos, aparece sintomatizada del lado del niño, pero abre preguntas respecto de cierto déficit en el ejercicio de la paternidad por ejemplo, ¿no?

Sobre esto, hay una escena maravillosa en relación a la problemática de la paternidad, que nos sirve como ilustración: «*El espantatiburones*»[5]. Resulta que *Don Lino,* el jefe de la mafia de los tiburones, tiene dos hijos: *Frankie*, que es también un tiburonazo machote, como él; y el otro, *Lenny*, que bueno, resulta que tiene otra sensibilidad, es vegetariano al punto de que no come ni un camarón, y en lugar de comerlos, los deja ir a los camarones, y esto casi provoca un escándalo. Entonces, en un momento *Don Lino* le pide a su hijo mayor casi que se convierta en «*Maestro Sombra*» de *Lenny*. Le pide que vea si puede adiestrarlo, si puede encaminarlo, enderezarlo, pues él no puede tolerar en un hijo suyo eso que considera como una debilidad, porque «*una debilidad en el hijo, representa una debilidad en el padre*». Y entonces él no puede permitir que un hijo suyo siga dando vueltas por el arrecife exponiendo su propia debilidad.

Fíjense que entonces podemos preguntarnos qué vienen a representar esos *déficit de atención* que exhiben los niños —tomemos prestada por un minuto estas categorías nosográficas—, del lado de los padres. O en los casos de «*niños hiperactivos*», o con «*trastorno oposicionista desafiante*», qué representa esa imposibilidad —por parte del hijo— de contener sus caprichos, sus *impulsiones*, sus *mociones pulsionales*, a qué remite eso del lado de los padres. Fíjense que respecto de estas cuestiones, en el momento inicial, estamos interviniendo a ciegas, pues raramente tenemos alguna información acerca de las respectivas historias familiares de la madre y el padre del niño.

Pero bien podemos decir que esa dificultad del niño, representa una dificultad en los padres, ya sea en términos de *déficit de atención*, o en términos de déficit en relación a la *contención* o la *puesta de límites*. El punto es que, cuando algo de esto se revela, descubrimos que no es por pura casualidad que se haya depositado esa dificultad en el niño. Cuando se abre alguna pregunta respecto de esa dificultad, hay que tener mucho cuidado, porque estamos corriendo el riesgo de abrir *la caja de Pandora* y no sabemos que puede salir de ahí. Y muchas veces, cuando esto está

5. *El espantatiburones* (título original en inglés: Shark Tale) es una película de animación de 2004 producida por Dreamworks Animation. Dirigida por Rob Letterman, Vicky Jenson y Bibo Bergeron, cuenta en su versión original con las voces de Will Smith, Jack Black, Renée Zellweger, Angelina Jolie, Martin Scorsese y Robert De Niro.

planteado fuera de tiempo, el resultado es la interrupción de los tratamientos, el retiro de los niños de la instancia educativa a la que estaban comenzando a concurrir, y volver otra vez la situación al punto de partida. ¿Cuál es el punto de partida? Toda la angustia familiar, toda la angustia relativa al *fantasma* que comanda la escena, está cristalizada en esa sintomatología del niño, está frisada ahí, podríamos decir.

Cuando empezamos a intervenir, y el niño empieza a ver señales de vida —de vida subjetiva—, de pronto nos encontramos con que *hay sujeto*. Y comenzamos a observar y prestar atención cuando desea algo, y cuándo se opone a algo, cómo empieza a responder a alguna intervención acertada que tenemos... Y cuando empieza a estar mejor, también se empiezan a abrir algunas preguntas, y entonces algo de esa angustia que estaba allí cristalizada en la enfermedad e impotencia del niño, se empieza a poner en movimiento. ¿Saben lo que hace la angustia cuando se pone en movimiento? Pide implicación. La *angustia movilizada* pide implicación. Y cuando la angustia movilizada pide implicación, hay dos respuestas posibles de parte de los padres: o se implican —y entonces se puede avanzar en esa investigación, sobre qué es eso que viene a representar esa dificultad del niño en la historia familiar—; o se la tapa, se la cierra con doble candado y ya no se quiere saber nada con eso.

Hay que tener mucho cuidado con los movimientos que producimos, porque muchas veces sucede que estamos tan contentos de ver los resultados de nuestras intervenciones —como si no supiéramos los resultados que tienen nuestras intervenciones—, pero nos da tanta alegría que perdemos la medida de la angustia que se está empezando a movilizar, paradójicamente, cuando todo marcha bien. Entonces hay algo ahí muy importante que tiene que ver con cómo pensar, a partir de nuestra intervención, de qué manera se pueden ir implementando y poniendo en juego las distintas instancias del dispositivo necesarias para tramitar eso que se moviliza. Por ejemplo, si hay algún espacio regular de entrevistas familiares que acompañe los movimientos que se producen en ese proceso de inclusión; de qué manera se pone en juego la interlocución con el ámbito escolar; como hacer en ese contexto tan complejo de las intervenciones en el ámbito escolar para *ganar un tiempo*, para enseñar a los maestros, enseñar a los directores de escuela, enseñar a los padres también, sobre la necesidad de *subjetivar el tiempo*. ¿Cómo hacer para enseñar *el tiempo de la subjetividad*? Es una pregunta muy importante. Pero primero lo tenemos que aprender nosotros.

Conversación abierta...

Bueno, ahora me gustaría escucharlos a ustedes, a partir de lo que fuimos presentando y también de las distintas experiencias que vienen llevando adelante como acompañantes terapéuticos, como sombras...

— Hace tiempo, como dos años tuve un paciente de 8 años, el cual los papas llegaron con él diciéndome que el niño era hiperactivo, que lo habían enviado de la escuela a terapia porque tenía problemas de hiperactividad y que no nada más tenía que ir a terapia psicológica sino también con el psiquiatra (...) Encuentro que el niño no tiene límites, pero aparte de todo, su mamá estaba nuevamente no casada, juntada con otra persona, el no veía a su papa, la mamá se volvió a embarazar, tuvo una niña. Siendo el niño cinco años el consentido de la mamá, de la abuela, del tío, y pues hacia lo que se le daba la gana. Nace la niña, la mamá lo hace a un lado empezando a hacerlo a un lado desde que empezó su nueva relación con este hombre, hace a un lado al hijo, entonces el niño de cinco años empieza a refugiarse en la abuela y la abuela le permite lo que el niño quiera no permitiendo a la mamá ni siquiera llamarle la atención, por el mal comportamiento. Nace su hermanita, el niño empeora el comportamiento en la escuela, en donde quiera que esté el niño, son problemas. Cuando me dieron al niño, ya tenía 8 años, la hermanita tiene 3 años, los papas me dicen que quiere mucho a la hermana, que la cuida. Yo le hago pruebas, entre ellas el niño dibujó, hizo dibujos, y dibujo una casa, dibujó el cuarto de la hermana con una bomba. Bueno, en varios dibujos que hacia siempre la niña con un cuchillo en la cabeza y el padrastro. Siempre o eran cuchillos, eran bombas, o le iba a caer un avión encima a Gerardo. El caso es que el niño estaba ahí mostrando el desprecio que tenía hacia la hermana, la envidia también hacia la hermana, el coraje que tenía hacia el padrastro, y la falta de atención de la madre hacia él.

Sí, se podría decir que ahí el niño al llevar esto al espacio terapéutico se podría pensar como una pregunta puesta en transferencia: *«¿Qué hago con esto que me pasa?»*. Sí, es algo que podría decir que es folklórico en cierto sentido lo que se puede encontrar ahí, especialmente en las situaciones en que se diagnostica la *hiperactividad*. Entonces, se trata de un niño que no sabe qué hacer para llamar la atención.

— Exactamente. Y con esto a lo que voy es que, hablando con los padres sobre la falta de límites, el porqué del comportamiento del niño, de

la envidia que estaba reflejando hacia la hermana, exigiéndole amor pero detrás de ese amor resultaba todo el odio. Al hablarlo con los padres, los padres deciden tomar terapia. Bueno, la mamá y el padrastro deciden tomar terapia, los recomiendo con otra psicóloga y ya no llegan, no llegan a terapia. Cuando salieron del consultorio me dijeron: «Si, si, sí, estamos dispuestos, queremos hacer lo posible para que el niño mejore...». *El caso es que nunca llegan con la terapeuta. Posteriormente me llama la mamá, para decirme si le podía entregar las pruebas que le había aplicado al niño, porque lo estaba viendo un psiquiatra, y que el niño* ***sí*** *tenía hiperactividad, y que lo estaba medicando.*

Lo peor, es que esto no es una excepción, sino que son más bien historias repetidas... Por eso decía que las solicitudes de intervención no siempre vienen planteadas de la misma manera. A veces esa intervención del acompañante terapéutico se plantea —en el mejor de los casos— con un equipo que está trabajando, donde hay un terapeuta, hay al menos un espacio de entrevistas familiares, hay un enlace con la escuela. Pero en realidad, la mayor parte de las veces no hay nada de esto. Hay una demanda que viene de la escuela, pero no hay ningún dispositivo. A veces hay un neurólogo, o está interviniendo un psiquiatra que no tiene dentro de su caja de herramientas la posibilidad de preguntarse por el origen y naturaleza del padecimiento psíquico del niño, las relaciones con el otro, y todo ese bla bla bla de los psicoanalistas. Cada uno responde con lo que tiene, y en la caja de herramientas de una buena parte de los neurólogos y psiquiatras sólo encontramos el álbum de síntomas, síndromes y diagnósticos, sus escáners para buscar lo que muchas veces no hay, y los psicofármacos como único recurso de intervención.

Entonces, cuando esto es así, tenemos que saber que antes de arriesgar nosotros ninguna maniobra, ninguna intervención, hay un dispositivo por construir. En el caso que acaba de compartir la compañera, queda claro que no siempre tenemos chances ni siquiera de intentarlo. Ésta es una indicación muy importante de Lacan en relación al *manejo de la transferencia*, a poquito de empezar su seminario de 1963-64, que es una cuestión central en relación al destino de todo tratamiento, poder calcular el monto de angustia que el sujeto puede soportar. Fíjense qué calculo más difícil, no? Cómo hacemos para calcular eso...!!! Pero además, ¿qué sujeto es aquél sobre el que nos estamos preguntando? ¿Sobre el niño? En realidad, el niño a veces no es ahí quien está en posición de sujeto. No es que no hay sujeto, pero si hay ahí un sujeto, es un sujeto en plena alienación, que no ha tenido ocasión de tramitar suficientemente ninguna operación de *separación*. Entonces, hay ahí un sujeto, pero que en todo su cuerpo, en toda su subjetividad y en todo su universo de representaciones aparece capturado por *«algo»* que todavía no estamos en condiciones de determinar. Maud Mannoni lo planteaba en términos de *«el fantasma de la madre*, pero eso puede resultar una simplificación, que no siempre es del todo acertada. No sólo las madres están enloquecidas por sus fantasmas, y uno tendría que convertirse en un *cazafantasmas* como para poder ver cuántos de ellos se cruzan en la misma escena, y cuantas líneas de sobredeterminación están en plena competencia para mover con sus propios hilos a cada marioneta del elenco familiar.

— Yo vengo del área clínica, de la práctica de Acompañamiento Terapéutico de Velia Herrera.[6] *Hay varias cosas que atraviesan mi mente con todas estas cuestiones que estamos revisando. Por ejemplo, la pregunta de qué es padecer. Esa pregunta me genera muchas ideas. Por ejemplo, padecer como adolecer, el dolor humano es propiamente humano, no es solo físico, algo que va más allá. Y a mí me gusta nombrarle aflicción. Cuando me preguntan que es la teoría psicoanalítica, yo digo que es algo que trata de dar cuenta de la aflicción humana. Y generalmente el espacio de análisis se ve a veces como muy sombrío, como que funciona si uno lleva cosas sombrías, dolorosas. Y qué hay con aquello que es un significado chile en la vida, algo que hace reír, algo que despierta emociones, o que apacigua las pulsiones, no? Pero apaciguar las pulsiones es a su vez doloroso, porque la cultura no nos deja, entonces desde la cultura hemos creado también un sistema de creencias y de conocimientos, y me lleva a esta pregunta de cómo clasificamos el conocimiento. Como sabemos que un niño a los seis años tiene que aprender ciertas letras, escribirlas... Nosotros inventamos estas cosas, tratamos de darle una estructura al conocimiento. Pero qué pasa con los niños que aprenden de otras formas, con los papás que son independientes, que no quieren ir a la escuela. Obviamente hay muchas teorías sociales. Para mí otra parte de la aflicción humana podría ser el rigor moral, el moralismo que hay, esta parte religiosa que nos ayuda a agarrarnos al mundo, incluso mística. Algo místico podría ser el desencuentro que usted menciona de estos niños a los que no se les hablo. Quien saben si en esa etapa prenatal escuchaban a la madre, que pasa con estos afectos también, de estar dentro en esa bolsa tan*

6. Docente de la Universidad Autónoma de Querétaro (UAQ), titular de la Práctica de Acompañamiento Terapéutico en la Facultad de Psicología de esa Universidad.

cómoda... También queriendo salir al encuentro para desencontrarnos. Y también me parece que el lenguaje es nuestro único o primer reino, posiblemente, para hacernos al mundo, hacernos una idea de mundo, pero es un lenguaje doloroso también. A mí me gustaría acabar con esta metáfora de que si bien el lenguaje es no para aprender a hablar, sino para aprender a preguntar. Es preguntarnos, es asombrarnos. Por eso el niño quizás no es hiperactivo, a lo mejor nuestra capacidad de asombro es infinita, no? Son varias ideas, pero me gusta mucho la forma en que usted dice esto, y el acompañamiento terapéutico ha nacido para joderlos... (Risas). En un compendio donde está Franco Ingrassia, está usted, está Marco Macías, a mí me gusta una de las hipótesis, es como un compendio de varias hipótesis sobre el dispositivo del acompañamiento terapéutico, y dice que tenemos que empezar por un pensamiento de la práctica, para llegar a una práctica del pensamiento. ¿Qué es esto? Diseñamos este dispositivo, esta implicación del cuerpo, la diferencia con el psicoanálisis clásico, y hacer uno algo nuevo con el acompañamiento terapéutico. Entonces es incorporar, entonces hay gente que se desencuentra no sólo en la palabra, sino en el cuerpo, entonces es como llegar a incorporar. Estoy fascinado con todo esto porque está agarrando auge el acompañamiento y me gusta seguir indagando sobre esto...

Bueno, muchas gracias. Son muchas cosas. Haré un esfuerzo de memoria, pero hay en principio una respuesta obligada, y que es una mala noticia que tengo que darte: las cosas de la cultura no van a cambiar. El malestar en la cultura es estructural. Si vivimos pensando que algún día ese malestar se va a disolver, pues digamos que es una esperanza que no va a tener buenos resultados. Vivimos en el mundo en que vivimos, el campo de la cultura está atravesado por el malestar, está atravesado por el malentendido, y yo creo que ahí humildemente tenemos que conformarnos con que cada una de nuestras intervenciones, por lo menos en la medida que sea posible para nosotros, cobre un sentido, que es ese sentido que pasa a tener lugar a partir de la irrupción del psicoanálisis, que es la producción de subjetividad. ¿Qué es la producción de subjetividad? Es que a partir de nuestras intervenciones, al menos podamos contribuir en algo, respecto de cada *persona*, *usuario*, *paciente* o *sujeto* —como gusten llamarlo— a quienes somos convocados a analizar como analista, o acompañar en tanto acompañantes terapéuticos, toda intervención que podamos tener que posibilite a ese sujeto dar un paso en la dirección de pronunciar en algún momento al menos una palabra propia, o de tomar posición en lo que sea que involucre a esa persona en la dirección de su deseo. No es que con esos vamos a darnos por satisfechos, pero sí podemos ahí delimitar con alguna claridad, cual es el sentido de nuestras intervenciones.

Entonces ¿qué es *producir subjetividad* en una intervención en relación a un acompañamiento terapéutico en el ámbito escolar? En primer lugar abrimos la pregunta respecto de dónde está perdido el deseo de esa niña, ese niño, o ese adolescente. Es una pregunta respecto de que es lo que está impidiendo que ese niño preste atención, que es lo que está impidiendo que pueda contener sus impulsos. Pero sabemos que el niño es apenas la punta de *un iceberg de subjetividad loca*. El niño nos muestra ahí, como la punta de un iceberg, algo que no está funcionando, pero no sabemos ahí hasta donde llega eso. Si llega hasta cierto posicionamiento complicado de alguno de los padres, o si nos encontramos ahí con más de una generación para atrás, en donde se viene replicando ¿qué cosa? Porque ahí, en realidad lo que nos encontramos, por un lado es en un primer momento un montaje, donde se nos convoca a intervenir para ver cómo hacer para que ese niño pueda quedarse en la escuela. Pero sobre lo que nadie nos dice nada es sobre *la consistencia devastadora de los mecanismos de goce y la pulsión de muerte* que comandan la escena familiar,de los cuales ese niño es apenas el emergente[7]. Entonces toda intervención adaptativa, toda intervención reeducativa, que no tenga en cuenta *la consistencia devastadora de los mecanismos de goce y la pulsión de muerte* que mueven como marionetas al elenco familiar, va a encontrar sus límites justamente ahí. Porque si algo de eso no se puede poner a trabajar, si no se puede interrogar, si no se puede medir en su alcance y profundidad, entonces nos pone a lidiar con algo que es ciertamente de lo más complejo y problemático del campo de la salud mental, pero absolutamente a ciegas y sin herramientas. Con lo cual, esa intervención muy probablemente esté condenada al fracaso.

En ese contexto—y más allá de que esa demanda de intervención pueda venir de la escuela, y no de un equipo terapéutico—, si el acompañante terapéutico se apronta a intervenir en el ámbito escolar tiene que ser a sabiendas de que no se puede trabajar en soledad. Pero también tiene que saber que los maestros y profesores de escuela primaria o secundaria común —ya sea pública o privada— no tienen ninguna formación especializada en *Salud Mental*, no tienen por qué *saber hacer* con los mecanismos de goce y la pulsión de muerte. No tienen por qué saber en profundidad sobre las cuestiones de la subjetividad y el padecimiento psí-

7. Ver capítulo IV, página 92, *Acompañamiento Terapéutico, transferencia y dirección de la cura.*

quico. A nadie se le ocurriría tampoco —aunque sería muy recomendable— exigir que todos los docentes se psicoanalicen. El docente, el profesor, el maestro de la escuela común, está ahí para enseñar, y de pronto se les impone una inclusión de niños con lo que no saben qué hacer. Por supuesto, es distinto el caso de los docentes que ***sí*** eligieron por vocación dedicarse a lo que tradicionalmente conocemos como *«Educación Especial»*, y se formaron para eso.

Entonces, también es indispensable entender —con todo el respeto que podamos tener por ese maestro, por ese profesor— que en general no tienen conocimiento alguno sobre esas cosas que, sin embargo, tienen que atender. Que es necesario también abrir la conversación respecto de la formación de los *AT*, que no es solamente leer la bibliografía que hay sobre acompañamiento terapéutico —abundante a esta altura, pero que no siempre se lee—, sino que hay una experiencia a atravesar, una experiencia formativa que incluye también las prácticas supervisadas y el análisis personal. Y que una de las cuestiones más interesantes a considerar es que el acompañante terapéutico no sólo pone la palabra, también pone el cuerpo. Es un modo de estar, es una presencia que esta ahí para que ese sujeto, que se caracteriza justamente por las dificultades que tiene en sus relaciones con el *Otro* —dificultades que va llevando por todos los escenarios por los que transita—, pueda empezar a desplegar el infierno subjetivo que le acontece. Entonces: ¿porque no se irían a plantear esas dificultades en el espacio del acompañamiento terapéutico? Lo que marcará la diferencia, es cómo se empezará a operar sobre eso.

Fíjense que ahí hay que conjugar tantas temporalidades distintas, entonces hay —en términos de Aristóteles, podríamos decir— una *virtud* que a mi gusto resulta imprescindible, y que es también esencial al acompañante terapéutico. Voy a usar una palabra antigua, pero yo tengo muchas ganas de ponerla de moda: es el *temple*. ¿Qué es el *temple*? El diccionario dice: *«Entereza. Valor. Dominio, valentía y serenidad para afrontar una situación difícil o peligrosa, o para enfrentarse a alguien o algo»*. El temple, por ejemplo, aplicado como una propiedad de los metales, está referido a su *elasticidad*, eso que permite que un metal se doble pero no se quiebre. En nuestro trabajo clínico podríamos pensar distintos modos de entenderlo, podemos conjugar también éste término con distintas representaciones, por ejemplo con la *tolerancia*, con la *paciencia*.

— *¿Podría ser también la* empatía*...?*

No, ahí son dos cosas distintas. Porque justamente, la *empatía* no es algo que este siempre de entrada en el trabajo de los acompañantes terapéuticos, ni con los padres, ni con la escuela, ni con el mismo sujeto. Porque el sujeto en realidad, no siempre está interesado en tener un acompañante terapéutico, no tiene ninguna idea para qué es esa presencia que de pronto se le propone. Entonces, la *empatía*, yo diría que es un concepto que viene de otras disciplinas, que no tienen que ver con la formación del acompañante terapéutico. Por supuesto sí es requisito —ahí donde el *AT* muchas veces está llamado a intervenir en relación a un sujeto que no manifestó ningún deseo de ser acompañado— ofrecerse como una *presencia amable*, destinada a que en algún momento ese sujeto que está teniendo problemas en relación a su alojamiento en el deseo del *Otro*, pueda encontrar en el *AT* una presencia que le presta atención personalizada, que está ahí junto a él pero no le está pidiendo ni exigiendo nada. Que al contrario, está poniendo en suspenso con su intervención los *imperativos súperyoicos* de los padres, los *imperativos súperyoicos* de la institución escolar, los *imperativos súperyoicos* de los psiquiatras, incluso de los psicoanalistas. Está poniéndolos en suspenso ¿para qué? Bueno, para que ese niño, en la medida que pueda, aunque sea por un rato, liberarse de esos imperativos, y a lo mejor en algún momento pueda pronunciar algo en conexión con su deseo.

Entonces, para poder soportar cosas como: *«Bueno, pero que no se ven avances con este niño (...) y quiero que sepa comportarse en la escuela, quiero que aprenda»*, todos esos *«Quiero...!»*, que no son deseos, que no tienen nada que ver con el *deseo*, y mucho menos con el deseo del niño. Porque ojo, no hay que confundir esos imperativos que vienen enmascarados con la forma del deseo: *«Yo* quiero *que mi hijo pueda terminar la escuela»*. Pero después uno empieza a trabajar en el caso y de pronto se encuentra con todos los boicots que pone en funcionamiento la familia para que el chico no vaya a la escuela. Y dan muchas ganas de decirle a esa madre o a ese padre: *«¿Ud. quiere que vaya a la escuela? Bueno, muy bien, pero entonces porqué empiezan a los gritos con su marido, y entonces cuando el chico esta por irse a la escuela es cuando se monta determinada escena y siempre, ¿no? ¿Porque?»* Entonces ahí uno puede ver que esas cosas ninguno sabe porque las hacen. A eso me refiero con los *«imperativos de goce»*, en donde eso no tiene que ver con el deseo. Esos imperativos se imponen en la escena fuera de todo registro, por ser *inconscientes*. Porque uno podría decir: *«Que hijaputa esa mujer, dice que quiere que su hijo vaya a la escuela, pero mira lo que hace...»*. Sin embargo, cuando una madre dice que quiere que su hijo este bien, tenemos que creerle. Pero también tenemos que estar advertidos de que, sin darse cuenta —y no siendo eso para nada conciente—, es posible que se estén poniendo en funcionamiento compulsivamente ciertas escenas que malogran toda posibilidad de que su hijo pueda separarse de ella, saliendo de ese ominoso circuito de repetición.

—Ahora que hablas de los «Quiero…!», creo que el papel del AT tampoco tiene que ver con resolver esto. Porque si no, se empiezan a crear patrones donde los resultados se miden a partir de lo que tú puedas resolver de las peticiones. Y se pierde el rumbo, y puede convertirse más bien en alguien que está resolviendo constantemente ni siquiera las demandas, todas estas peticiones de la escuela y de los padres. Hablando un poco de lo que tendría o lo que tendría que estar haciendo ese niño en ese momento. Y bueno, la otra cosa que me quedo pensando, es cómo el acompañante terapéutico, además de ser una presencia amable, tiene que ser un buen lector de esos contextos en lo que se está jugando, porque es un contexto escolar, es el contexto familiar, y además es el que tiene que ver con el propio chiquito. Entonces, en ese juego es que hay que ubicar bien qué papel va jugando uno, porque de pronto cuando hay reuniones pareciera que el AT es el encargado de resolver en todos esos contextos, o de ir hilando los resultados en cada uno de ellos. Y también no perder el rumbo y tener claridad de qué es, o para qué la presencia del acompañante terapéutico «ahí». Implica ser un buen lector, e implica también plantearse constantemente qué es, o para qué se va a intervenir. En lo que llega este momento en que el chiquito pueda o se le facilita o se le genera las condiciones para nombrar o pedir, o poner en palabras su propia demanda, eso a veces demora, dependiendo del trabajo. Pero se puede dificultar con la intervención de estos otros dos contextos, que a veces incluso se están peleando y no tienen nada que ver con el pequeño lo que están demandando. Y ahora bueno pues, ya por ultimo tengo una pregunta ¿hasta dónde la intervención en esos otros contextos? Porque de pronto pareciera que estamos trabajando con el síntoma que es el chiquito pero ¿qué pasa con los demás? ¿Hasta dónde llega la intervención como acompañantes terapéuticos con la escuela y con la familia?

Gracias. Si, muy buen pregunta. Porque, por un lado, en relación a lo que decías, parece que es muy importante situar que para que el acompañante terapéutico pueda estar a la altura de una intervención tan compleja, eso requiere no sólo tener una sólida formación académica, sino también una suficiente experiencia en su recorrido de análisis personal. Pero también, hay cierto *«saber hacer»* que se obtiene en la experiencia, a partir de la posibilidad de supervisar la experiencia; y bueno la instancia de la supervisión es el momento en el que se puede sacarle el jugo a la experiencia. Porque si no, la experiencia de por sí, sólo la experiencia, tampoco es formativa, si no se pueden sacar consecuencias de lo que acontece cada vez.

Lo que si es necesario tener presente, no perder de vista, es que si bien hay una cierta idealización de la *interdisciplina*, en realidad lo que nos encontramos concretamente es que la interdisciplina es una propuesta conceptual que pocas veces la encontramos funcionando bien. Y de hecho, podríamos decir que en buena medida, son los acompañantes terapéuticos muchas veces los productores de interdisciplina, de una interdisciplina que no hay. A veces, muy frecuentemente nos encontramos que entre el neurólogo y la escuela no hay comunicación ninguna. Y si hay un terapeuta gracias. Y con los padres menos. O con las otras instituciones por las que transita el niño. Entonces, es la presencia del acompañante transitando en interlocusión con todos esos espacios lo que empieza a conectarlos. Es decir, pasa a ser él quien empieza a hacer preguntas, o llamadas por teléfono. Y muchas veces la interdisciplina la empieza a producir y sostener el acompañante terapéutico. Entonces, ahí es donde efectivamente hace falta una sólida formación para estar a la altura también de que ese acompañante terapéutico pueda situar los límites de su intervención. Porque hay límites en relación a eso, porque de lo contrario el acompañante terapéutico corre el riesgo de tentarse con la propia omnipotencia. Pero no está autorizado en el lugar de dirección de la cura. Entonces ahí empiezan los problemas. Una de las dificultades es que habitualmente el acompañante terapéutico está convocado como auxiliar, no está legitimada su posición en la dirección de la cura. Entonces cuando se posiciona así sin legitimación, el caso no dura ni dos días, ya sea porque entra en colisión con los padres, o con los otros profesionales... Entonces hay que tener mucho cuidado con eso.

— En la experiencia que yo he tenido en algunos casos, cuando es posible, que la institución nos abra la puerta, poder ir a comentarles de qué se trata el acompañamiento terapéutico puede llegar a ver dentro de la institución a lo mejor con la psicóloga, el director, los maestros, para que sepan para que va a estar ahí el acompañante terapéutico; que es lo que no va a hacer también, porque sino los maestros quieren delegar la responsabilidad educativa al acompañante. Y creo que es bien importante tener una buena transferencia con los padres, porque de ahí nos vamos a la escuela, y si tenemos una buena transferencia con la escuela, con la

institución, entonces podemos hacer un equipo, y hacer equipo me ha funcionado. Digo, no todos los casos son afortunados, hay casos que por diferentes circunstancias no pueden continuarse, pero cuando hemos tenido buenos logros, es que hacemos todo en equipo, desde una institución, los padres de familia, y todos nos reunimos en la escuela, para darle un lugar a la escuela. Y sí hemos podido intervenir de esa manera. Pero, lamentablemente, no se conoce mucho la función del acompañante terapéutico, su figura, hay que explicarla, hay que dar ese espacio.

Bueno, esa es la tarea que les espera a todos quienes están convocados por esta actividad, por esta profesión. Vale decir: esto no está hecho, es de algún modo algo por venir, y que ahí lo que se va a poner en juego es el deseo decidido de ustedes en llevar eso adelante.

—*A mí me entra una pregunta, no sé mucho del tema, pero pienso si esto del acompañamiento terapéutico no sería como una curita ante el sistema educativo que hay. Porque yo cuando veo tantos problemas, es como si al final en algunos años van a acabar las clases llenas de acompañantes terapéuticos, en vez de pensar cómo cambiar el sistema, en vez de que sea el niño el que se adapte, como hacer que sea al revés.*

Sí, es una excelente pregunta. Lo plantearía más bien como un diagnóstico de situación, que en algún momento esto va a entrar en crisis ¿no? Porque efectivamente, por distintos motivos, la inclusión escolar no sólo es problemática por la situaciones que vienen caratuladas con *diagnósticos psiquiátricos*, también hay distintos problemas de inclusión escolar que tocan un borde en relación a las poblaciones vulnerables, en donde se podría decir que hay una situación del sistema educativo que idealiza algo que después no se corresponde con lo que sucede, por ejemplo cómo sostener esa temporalidad de la escuela, como sostener la disciplina... En fin, me parece que sí, hay distintas cuestiones que de algún modo revelan algunas contradicciones del sistema educativo que será necesario atender. Y la presencia de los acompañantes terapéuticos parece que en la medida que vaya teniendo lugar, van abriendo algunas preguntas que son difíciles de responder, porque no son preguntas que pueda responder un maestro, o que pueda responder un director de escuela. Son preguntas que se plantean en el más alto nivel de las políticas educativas, ¿no? Entonces, bueno ahí se va a tener que plantear la cuestión de si vamos a llenar la escuela de acompañantes terapéuticos o si vamos a llenar la escuela de *sombras*.

Índice

Prefacio: ¿Polifonía de discursos, o Interdisciplina? 7
MAURICIO CASTEJÓN HERMANN

I. El *AT* y su campo de saber. Encrucijadas teóricas, clínicas y políticas. 11

II. Modelos de implementación del *AT* en Salud Pública. *AT* como Dispositivo, *AT* como Función, *AT* como Profesión 25

III. Ética y responsabilidad profesional. 33

IV. Acompañamiento Terapéutico, transferencia y dirección de la cura 69

V. AT: fundamentos de su inclusión como *«herramienta clínica»*, en el ámbito escolar 117